JN444589

재중국 한국인 아나키스트운동의 실천적 지도자

류기석

재중국 한국인
아나키스트운동의
실천적 지도자

류기석

| **이호룡** 지음 |

류기석柳基石은 일제강점기 중국에서 아나키스트들의 민족해방운동을 이끈 인물들 중의 한 사람이다. 그는 1924년 조양대朝陽大에 입학한 후에 아나키즘을 수용하고 아나키즘 선전활동을 전개했다. 이후 취안저우泉州로 가서 농민자위운동에 참가했다가 1928년 상하이로 가서 재중국조선무정부공산주의자연맹 상해지부를 결성하고 관계하면서 기관지 『탈환奪還』의 발행을 주도했다. 재중국조선무정부공산주의자연맹은 신채호申采浩가 〈조선혁명선언〉을 통해 정립한 테러적 직접행동론을 민족해방운동의 방법론으로 채택했다. 그리고 국가와 정부를 부정하고, 민족주의와 공산주의를 비판하는 등 한국 아나키즘을 이론적으로 체계화했다. 나아가 『약소민족의 혁명방략弱小民族的革命方略』을 통해서 약소민족의 민족해방운동론을 집대성했다.

류기석은 재중국 한국인 아나키스트들의 민족해방운동을 이론적으로 이끌었을 뿐 아니라 실제로 테러활동에 참가하면서 재중국 한국인 아나키스트들의 테러활동을 주도했다. 그리고 1940년대에는 한교전지공작대를 조직해 후방에서 군사활동을 벌였다. 그는 차가운 머리와 뜨거운 가슴을 가진 열혈의 아나키스트로서 민족해방을 위해 그 누구보다도 치열하게 투쟁했다. 그럼에도 류기석은 우리에게 잘 알려져 있지 않다. 그것은 그가 해방 이후에도 귀국하지 않고 중국에 그대로 머물렀던 까닭이다.

한국 아나키즘은 이회영李會榮과 신채호 등이 개척했으며, 한국 아나키즘을 이론화한 사람은 신채호, 류기석, 류자명柳子明, 이홍근李弘根 등이다. 하지만 이회영과 신채호가 해방 이전에 일제의 악랄한 수단에 의해 사망한데다가 재중국 한국인 아나키스트운동을 이끌었던 류기석과 류자명이 귀국하지 않으면서 해방 이후 한국 아나키즘은 이정규李丁奎와 유림柳林, 정화암鄭華岩(본명 정현섭鄭賢燮) 등이 주도했다. 일제강점기부터 아나키즘의 본령에서 일탈하는 모습을 보인 이들이 해방 이후 한국 아나키즘을 주도함으로써 한국 아나키즘은 사상적으로 파탄하는 지경에 이르렀다.

이 책에서 류기석의 사상과 활동을 살펴봄으로써 한국 아나키즘의 진정한 모습을 찾을 수 있을 것이다. 공산주의가 사상적으로 무너진 현재, 일제강점기 한국 아나키즘은 우리에게 많은 시사점을 줄 것이다. 그 시기 한국 민족해방운동에 있어 아나키스트들의 역할과 공로를 파악할 수 있을 것이며, 한국 아나키스트운동을 제대로 이해할 수 있을 것이다.

2019. 8. 15.

이 호 룡

차례

가족과 함께 중국으로 망명하다

1980년 11월 27일 중국 쑤저우蘇州에서 큰 별 하나가 졌다. 1919년 3·1운동 이후 1945년 일제가 패망하기까지 중국에서 민족해방을 위해 뜨거운 가슴과 냉철한 이성으로 재중국 한국인 아나키스트운동을 이끌었던 류기석柳基石이 심장병으로 세상을 떠난 것이다. 그 별은 빛을 내어 우리 민족의 어두운 시절을 비추기 위해 많은 노력을 했지만, 오늘날 우리에게는 잘 알려져 있지 않다.

류기석은 1905년 1월 12일에 황해도 금천군金川郡 합탄면合灘面 매후리梅後里 대동垈洞에서 아버지 류찬희柳讚熙와 어머니 이안라李安羅 사이에서 2남 2녀 중 장남으로 태어났다. 장녀는 신덕信德, 차녀는 신영信永, 차남은 기문基文이었다. 아버지 류찬희는 배재학당을 졸업한 후 의병 차도선車道先 부대에 투신하여 곡산에 있던 일본 헌병대를 불태우는 등 의병전쟁에 참가했던 경력을 지닌 인물이었다.

을사늑약 삽화

한말 일본과 서구 열강들의 침략이 본격화되면서 한국인들에게는 근대화 달성과 자주적 민족국가 건설이라는 과제가 동시에 주어졌다. 이 과제를 달성할 방도를 둘러싸고 사상계는 실력양성론과 위정척사론衛正斥邪論 등으로 나뉘었고, 이들은 각각 실력양성운동과 의병활동을 전개했다. 실력양성운동가들은 사회진화론에 근거하여 한국 민족이 제국주의의 침략으로부터 벗어나 근대적 민족국가를 건설하기 위해서는 교육진흥과 식산흥업을 통해 실력을 양성하여 근대화를 이룩해야 한다고 주장했다. 이에 반해 재야 유생들은 전통적인 화이관華夷觀에 입각하여 의병을 일으켜 제국주의의 침략에 저항했다. 이 밖에도 만국공법萬國公法에 의거한 외교적 방법이나 암살활동을 통해 제국주의의 침략을 규탄하고 국가의 주권을 되찾고자 하는 자들도 있었다.

하지만 자주적 민족국가 건설운동은 별다른 성과를 내지 못했다. 더욱이 1904년 러일전쟁이 발발하고 「한일의정서」가 체결되면서 한국은 일본의 준식민지準植民地가 되었으며, 국가의 주권은 급격히 위태로워졌다. 「한일의정서」는 1904년 일본이 한국을 강압하여 체결한 의정서로, 독립국가의 주권을 무시하는 내용으로 채워져 있었다. 이후 일제는 「한일의정서」에 의거해 군사행동과 수용·강점을 제멋대로 감행했고, 광대한 토지와 통신기관을 군용으로 강제로 접수했다. 러일전쟁에서 승리한 일본은 또다시 1905년에 을사늑약을 강제하여 한국의 외교권을 강탈함에 따라 한국은 일본의 보호국으로 전락하고 말았다.

이에 국권을 회복하기 위한 투쟁이 전국에서 일어났다. 실력양성론자들이 주도한 국채보상운동이 전국적으로 전개되는 가운데, 국권회복을 위한 방법론으로 폭력투쟁론이 제기되었다. 폭력투쟁론자들은 계몽운동가들의 실력양성론을 부정하고, 의병전쟁과 암살활동 등을 통해 국권을 회복하고자 했다. 의병전쟁은 위정척사론자들과 갑오농민전쟁의 맥을 잇고 있던 농민세력의 결합을 바탕으로 하여 전개되었다.

의병부대들은 일본과의 전쟁을 통해 민족에게 닥친 모순들을 해결하려고 노력했으나, 의병부대 내부의 계급적 대립으로 말미암아 커다란 성과를 내지 못했다. 하지만 1907년 군대 해산 이후 평민 의병장이 대거 등장하면서 의병부대 내부의 계급적·이념적 모순은 점차 극복되어 갔다. 의병부대의 활동으로 일제의 한국 침탈이 커다란 장애에 직면하자 일제는 의병부대에 대한 대대적인 토벌에 나섰다. 1909년 일제의 '남한 대토벌'로 의병부대는 거의 궤멸되다시피 했으며, 일부는 국내에서 더 이상 활동하지 못하고 만주나 노령露領으로 근거지를 옮겼다.

의병부대에 참가했던 류찬희는 국내에서 잠복 활동을 하기 위해 기독교로 개종했다. 그는 1911년 강원도 이천군伊川郡으로 이주했다가 1913년 가족을 이끌고 중국으로 넘어갔다. 하지만 어느 한곳에 정착하지 못하고 유망하다가 1915년이 되어서야 옌볜延邊 쥐쯔가局子街(현 옌지시延吉市)에 정착했다.

당시 만주와 연해주沿海州에는 조선 후기부터 이주해온 한국인들과, 1905년 을사늑약 체결 이후 근거지를 옮긴 의병부대들과 민족주의자들이 한국인 집단촌을 형성하고 있었다. 민족주의자들은 만주에 있는 한국인들의 민족정신을 고취하기 위해 민족학교를 설립하기 시작했다. 북간도에는 1905년 이상설李相卨, 여준呂準, 정순만鄭淳萬, 이동녕李東寧, 박정서朴禎瑞, 김우용金禹鏞, 황달영黃達永, 홍창섭洪昌燮 등이 룽징龍井 6도구道溝에 설립한 서전서숙瑞甸書塾을 시작으로 하여, 창동학교昌東學校(1907년 설립. 1910년에 중학과를 신설하고 창동학원으로 개명), 명동학교明東學校(1908년 설립), 명동중학明東中學(1910년 명동학교 병설로 설립), 길동기독학당吉東基督學堂(1911년 설립), 광성중학光成中學(1912년 길동기독학당 병설로 설립) 등이 설립되었다.

쥐쯔가에 정착한 류찬희도 학교 설립에 나섰다. 그는 만주로 이주한 교민들의 자제를 위한 교육기관으로 태광소학太光小學을 설립하고, 중국

3·1운동 기록화

정부에 중국 국적 취득 허가를 신청했다. 류기석은 1916년 태광소학에 입학했다.

하지만 일본영사관에서 쥐쯔가에 보통학교를 설립하고, 류찬희를 보통학교의 학교업무위원으로 위촉하는 등 태광소학을 합병하려고 했다. 이에 류찬희는 1917년에 가족을 이끌고 허룽현 난양핑南陽坪으로 이사를 했다. 류기석은 난양핑에서 5리 떨어진 창동학교彰東學校고등소학으로 옮겼다. 그곳에서 한국의 역사와 지리에 대해 공부하면서 민족의식을 함양했으며, 체력 단련과 군사훈련도 받았다. 1918년에 졸업한 그는 1918년 지린성吉林省 옌지도립延吉道立 제2중학교(1919년에 지린성립吉林省立 제4사범으로 명칭 변경)에 입학했으며, 그곳에서 1920년까지 수학했다. 옌지도립 제2중학교에서 심용해沈容海를 만났는데, 심용해는 류기석보다 한 살이 많았지만 같은 반에서 공부했다.

류기석이 옌지도립 제2중학교에서 수학하던 1919년, 국내에서는 3·1운동이 일어났다. 3·1운동은 사회개조·세계개조론을 사상적 배경으로 하고 있었다. 사회개조·세계개조론은 힘이 지배하는 사회와 세계의 질서를 개편하여 모든 사람이 평화롭게 공존할 수 있는 정의·인도의 사회를 건설해야 한다는 주장이다. 제1차 세계대전이 인류에게 사상 유례없는 커다란 재앙을 몰고 오자, 세계 지성계는 제국주의와 자본주의의 병폐에 대해 각성하게 되었다. 그들은 제1차 세계대전이 발생한 원인이 열국 사이의 경쟁, 즉 약육강식과 적자생존의 원칙에서 기인한 것으로 보고, 사회진화론을 부정하고 사회개조·세계개조론을 제창했다. 로맹 롤랑Romain Rolland은 1914년 9월 『싸움을 초월하여』를 발표하여 유럽은 전쟁으로 멸망할 것이라고 주장했으며, 버트런드 러셀Bertrand Russell은 1916년에 『사회개조의 원리』를 저술하여 자본주의 사회를 개조하여 길드사회주의 사회를 건설할 것을 주장했다.

한국인 사상계에도 커다란 변동이 일어났다. 그동안 사회진화론에 입각하여 실력양성운동을 전개해 오던 일부 민족주의자들은 제1차 세계대전의 참상에 큰 충격을 받았다. 또한 자신들이 모방하고자 했던 서구의 자본주의 문명이 참혹한 전쟁으로 폐허화되자 당혹감을 감추지 못했다. 그들은 서구 모방을 추구했던 실력양성론에 대해 회의를 품고, 사회진화론을 극복할 수 있는 사상체계를 모색했다. 그것은 사회개조·세계개조론 수용으로 이어졌다. 1917년의 러시아혁명과 1918년 윌슨Thomas Woodrow Wilson이 제창한 민족자결주의는 한국인들의 사회개조론 수용을 촉진했다. 한국인들은 러시아혁명이 사회개조·세계개조의 서광을 비추어준 것으로 이해했다. 그리고 윌슨의 민족자결주의를 접하면서 독립의 당위성을 인식하게 되었다. 사회진화론적 사고에 입각하면 약자인 한국 민족에게는 독립할 수 있는 자격이 없지만, 강자와 약자의 공존을 주장하는 사회개조론적 입장에서 보면 한국 민족에게도 독립의 자격이 주어진다. 사회개조론을 수용한 한국인들은 한국 민족의 독립을 당연한 것으로 받아들였으며, 즉각 독립을 모색하기 시작했다. 그들은 독립운동의 방략으로 ① 파리강화회의에 독립 청원, ② 미국에 독립지원 요청, ③ 일본에 독립승인 요구, ④ 국내에서 만세시위운동 전개 등을 채택했다.

그런 가운데 1919년 1월 21일 고종이 갑자기 사망했다. 고종이 일제에게 독살당했다는 소문이 널리 퍼지면서 한국 사회는 동요하기 시작했다. 국내 민족주의자들은 한국 민족이 독립할 수 있는 좋은 기회를 맞이한 것으로 파악하고, 3월 3일 고종의 인산일을 맞이하여 이틀 전인 3월 1일에 독립을 선언하기로 계획을 세웠다. 3월 1일 독립선언 당일 3·1운동 지도부가 투항적 자세를 보이면서 만세시위는 학생들의 주도로 벌어졌다. 이후 만세시위는 전국의 장터를 통해 전국으로 확산되었다. 만세시위는 처음에는 비폭력적으로 평화롭게 전개되었으나, 일제의 폭력적 진압이 시작되고 농민들이 시위에 참가하면서 점차 폭력적으로 변해갔다. 하지만 기마병까지 동원한 일제의 잔혹한 탄압으로 3·1운동은 결국 진압되고 말았다.

3·1운동은 비록 실패했지만, 커다란 역사적 의의를 지니고 있다.

첫째, 민족주의자들과 하층 민중들의 결합을 바탕으로 하여 전국 방

3·13 반일의사릉

방곡곡에서 거족적으로 전개되었다는 점이다.

둘째, 3·1운동을 통해 민중들의 민족의식과 계급의식이 각성되었다는 점이다. 이후 부르주아계급은 민족해방운동의 헤게모니를 상실하고, 민중이 민족해방운동의 주체로 등장했다.

셋째, 거족적인 저항으로 일제로부터 일정한 양보를 얻어내면서 민족해방운동의 활동 공간이 확대되었다는 점이다. 이는 민족해방운동의 저변 확대로 이어졌다.

넷째, 평화적·비폭력적 방법의 한계를 인식함으로써 항일무장투쟁세력의 역량이 강화되었다는 점이다.

다섯째, 약소민족들의 민족해방운동에 영향을 주었다는 점이다.

국내에서 일어난 만세시위 소식이 북간도에도 알려졌다. 북간도에 있던 민족주의자들은 국내의 만세시위에 호응하여 북간도에서 만세시위를 벌이는 것에 대해 협의했다. 류찬희는 김약연, 최일崔日, 박동원朴東轅 등 13명과 함께 3월 14일 룽징 6도구에서 만세시위를 전개하는 것에 대한 계획을 세워 나갔다. 이에 옌지도립 제2중학교 학생들도 만세시위에 참가하기로 결정했다. 학생들은 태극기와 함께 수천 장의 전단을 찍었는데, 전단은 충렬단 명의로 인쇄, 배포되었다. 류기석은 심용해, 박관해朴觀海 등과 함께 3월 13일 밤에 충렬단에 가입하고, 다음 날 집회에 참가했다.

3월 14일의 집회는 9시 정각에 시작되어 11시쯤에 끝났는데, 3만여 명이 참가했다. 집회가 끝난 후 시위가 시작되자, 옌지 도윤 타오메이셴陶梅先과 지린성 육군 옌지 주둔 연대장 멍푸더孟富德는 일제의 사주를 받아 시위대를 탄압하기 시작했다. 군중을 향해 실탄을 사격하고, 총검으로 민중들을 무자비하게 탄압했다. 이 과정에서 14명이 죽고 50~60명이 다쳤다. 김약연 등은 체포되었고, 류찬희는 검거를 피해 블라디보스토크Vladivostok로 갔다.

학교로 돌아간 학생들은 애국단체에 가입해 독립운동 자금 헌납을 호소하는 내용의 편지를 쓰거나 전단을 살포하는 등의 활동을 전개했는데, 류기석도 이와 같은 활동에 참가했다. 이들의 활동은 일제 밀정에 대한 테러로까지 이어졌다. 이배근은 일제 정탐 노릇을 하던 이기홍을 살해한 후, 그로부터 빼앗은 '한일합병기념장'과 군용 지명이 기재된 도면 한 폭을 류기석에게 주었다. 그것을 보관하고 있던 류기석에게까지

김약연

홍범도(1912)

구춘선

일제의 수사망이 좁혀오자, 이를 피해 가족들과 함께 옌지를 떠나 아버지 류찬희가 독립군으로 활동하고 있던 왕칭현汪淸縣으로 갔다.

룽징에서의 만세시위 후 일제의 검거를 피해 블라디보스토크로 간 류찬희는 반 년 뒤 왕칭현으로 갔다. 그곳에서 국민회에 가입한 뒤 홍범도洪範圖, 구춘선具春先, 강구우姜九禹, 김강金剛 등과 함께 활동했다. 국민회는 1914년 북간도 창차이촌長財村 밍둥明東에 도착한 이동휘가 김약연, 김영학金永學, 구춘선, 마진 등의 유지들과 협의해 조직한 단체로, 교육활동에 주력하다가 1919년 3·1운동을 계기로 국민회 명칭을 표방하고 본격적인 활동을 전개하기 시작했다. 1920년 1월 본부를 왕칭현 춘양향春陽鄕 하마탕蛤蟆塘에 두고, 회장 구춘선, 부회장 강구우, 비서 고동환高東煥, 서기 김정金精, 재무 김규찬金圭燦, 경호부장 박두화朴斗和, 편집부장 이완李完, 통신부장 최윤주崔允周 등을 선임했다. 류찬희는 재정부장을 맡았는데,

모든 노력을 기울여 무기와 군량을 확보하여 국민회 직할의 대한독립군(총사령관 홍범도)에 제공했다.

홍범도 부대는 1920년 6월 4일, 1개 소대로 하여금 두만강을 건너 함경북도 종성군 강양동에 주둔하고 있던 1개 소대 규모의 일본군 헌병 국경초소를 습격하게 했다. 일본군 남양수비대南陽守備隊가 1개 중대를 출동시켜 반격전을 전개했으나, 독립군의 매복에 걸려 6월 6일 60명이 사살되었다. 이에 일본군 제19사단장은 보병 및 기관총대 1개 대대를 투입해 독립군을 궤멸시키고자 했지만, 독립군의 기습과 매복 작전으로 상당한 타격을 받았다. 독립군은 일본군을 봉오동鳳梧洞으로 유인했다. 홍범도와 최진동의 연합 부대는 6월 7일, 사령관 최진동, 연대장 홍범도로 부대를 재편성한 뒤 잠복해 포위망을 구축했다. 홍범도가 2개 중대를 인솔해 일본군을 포위망 속으로 유도하자, 독립군은 동·서·북 3면에서 협공했다. 일본군은 반격을 시도했으나, 100여 명의 사상자만 내고 온성穩城 유원진柔遠鎭으로 패주했다. 이 전투에서 일본군은 157명의 전사자와 200여 명의 부상자를 냈다. 반면 독립군은 장교 1명, 병졸 3명이 전사하고 약간 명이 부상을 당하는 데 그쳤다. 이후 일본군의 대대적인 토벌이 시작되었다. 봉오동전투 후 류찬희는 일본의 토벌을 피해 홍범도 부대를 따라 우수리강의 동쪽으로 이동했다.

류찬희를 찾아간 가족들은 가야하嘎鴉河에 거주하게 되었지만, 류기석은 아버지의 지시에 따라 추석을 하루 앞둔 1920년 음력 8월 14일 새벽에 혼자 상하이上海로 떠났다. 창춘長春, 펑톈奉天, 톈진天津을 거쳐 상하이에 도착한 류기석은 아버지의 친구인 이동휘를 찾아갔다.

이동휘는 1911년 북간도에서 광복단을 조직하여 활동하다가 체포되어 1912년 6월 말에 석방되었다. 이후 국내에서 기독교 포교활동에 주력하다가 1913년 2월과 3월 사이에 연해주로 망명했다. 이후 러시아혁명을 목격한 이동휘는 공산주의를 수용했으며, 1918년 4월에 하바롭스크Khabarovsk에서 한국인 최초의 공산주의 정당인 한인사회당을 결성해 공산주의운동을 전개했다. 그는 1919년 4월에 수립된 대한민국임시정부의 국무총리에 선출되자, 1919년 9월에 상하이로 가서 국무총리직을 수행하면서 재상하이在上海 한인사회당을 조직하고 공산주의 선전작업을 펼쳤다.

류기석은 이동휘로부터 여운형呂運亨을 소개받고 그의 집에 함께 거주하는 동안 친하게 지내던 이광수로부터 도산 안창호安昌浩를 소개받은 후에는 안창호와 교류하면서 그의 지도를 받았다. 류기석은 안창호의 권유로 1920년에 흥사단에 가입하였다.

흥사단은 1913년 5월 13일 미국 샌프란시스코에서 안창호의 주도하에 홍언洪焉(경기도), 염만석廉萬石(강원도), 조병옥趙炳玉(충청도), 민찬호閔燦鎬(황해도), 송종익宋鍾翊(경상도), 강영소姜永韶(평안도), 김종림金宗林(함경도), 정원도鄭源道(전라도) 등의 8도 대표에 의해 창립되었다. 흥사단에서는 무실務實·역행力行·충의忠義·용감勇敢 등의 4대 정신을 지도이념으로 삼았는데, 설립 목적은 국민 개개인의 인격혁명을 통해 민성 혁신民性革新과 민력 증강民力增强을 도모하여 민족 앞길에 번영의 기초를 다져놓는 것이었다. 창립 이후 교포와 유학생을 중심으로 학업과 인격 수양, 생활 개선, 경제력 증진에 주력했다. 그러다가 1919년 중국 상하이에서 대한민국

안창호와 흥사단

임시정부가 수립되자 상하이에 흥사단 원동위원부를 조직했다. 흥사단은 안창호의 무실역행론을 독립운동의 방법론으로 채택했다.

무실역행론은 우선 교육과 계몽을 통해 민족의 역량을 키워놓고 때를 기다리자는 것으로, 임시정부 내에서 신채호申采浩, 이동휘 등의 독립전쟁론과 대립했다. 무실역행론은 실력양성론에 바탕을 두고 있는 것으로 민족해방운동선상에서 많은 문제를 일으키기도 했다. 아나키스트를 비롯한 사회주의자들은 1921년 이래 민족해방운동전선에서 이탈, 투항하는 자가 속출하고 있는 상황에서 무실역행론이 그들에게 구실과 기회를 주고 있다면서 그 부작용을 지적했다. 독립전쟁론은 일본과의 전쟁을 통해서만이 진정한 의미의 독립을 얻을 수 있다는 주장이다.

류기석은 1921년 난징南京으로 가서 학업을 계속했다. 9월에 화중공학華中公學 2학년에 편입했다. 그는 난징에서 흥사단 활동을 활발하게 전개했으며 난징단우회의 주석이 되어 1922년 6월 24일에 주석 자격으로 회의를 주재했다. 그리고 1924년 2월 7일부터 8일까지 난징의 협진회관協進會館에서 개최된 흥사단 제10회 원동대회에서 "우리는 활동하자"라는 주제로 약 30분간 강연했으며, 1925년에는 난징에서 개최된 흥사단 원동위원부 연례회의에서 「현 단계의 조선 청년운동의 동향」이라는 제목의 학술연구를 보고했다. 이렇게 흥사단에서 지속적으로 활동한 결과, 그는 1925년에 최연소 반장이 되었다.

류기석은 운동에도 소질이 있었다. 1924년 흥사단 제10회 원동대회에서는 운동 시범을 보였는데 그곳에서 1등을 했다. 그리고 팀을 이끌고 축구 경기에도 참가했다. 1925년 1월 19일에는 북경고려유학생회의 체육부 임원으로 선출되었으며, 1926년 6월 중순경 베이징北京에 거류하고 있던 한국인 유학생들이 개최한 북경고려유학생 부흥회에서는 대회에 참가하지 않았음에도 체육부 위원으로 선정되었다.

북경고려유학생회는 북경조선유학생구락부가 1925년 1월 19일 임시총회를 개최하여 개명한 단체로, 북경조선유학생회와 함께 베이징의 한국인 유학생계를 이끌고 있었다. 북경고려유학생회는 1925년 2월에 해외순보사海外旬報社를 창립하여 3월부터 『해외순보』를 발간했으며, 1926년 3월 1일에는 독립선언기념회를 개최했다. 하지만 이후 지지부진한 상태를 벗어나지 못하고 있었다. 1926년 6월 중순경 베이징대北京大 강당에서 북경고려유학생 부흥회를 개최하여 재기를 모색했으나, 결국 1926년 12월 12일 북경조선유학생회와 함께 북경한국유학생회로 통합되었다.

1924년 6월에 화중공학을 졸업한 류기석은 미국 유학을 고려했다. 당시 난징에는 미션스쿨에 입학해 미국 유학을 준비하는 한국 유학생들이 많이 있었는데, 1925년에는 그 수가 150명에 이르렀다. 류기석도 미국으로 유학할 의사를 가지고 있었으므로, 난징 대행궁화양여관大行宮華洋旅館에서 만난 안창호에게 미국 유학에 대해 조언을 구하기도 했다. 이 만남에서 안창호는 류기석에게 미국에 가서 정치를 배워 민족독립운동에 종사할 것을 권하면서, 이승만李承晩을 비판하는 내용의 말을 했다. 이승만은 기회주의 정치가로서 진정한 애국자가 아니며, 국민회의 공금을 사취하는 횡령 행위까지 했다는 것이다. 류기석은 결국 미국 유학을 포기하고 베이징으로 갔다. 그곳에서 그는 난징에서 알게 된 김근하 목사와 함께 한국 교민들의 교회인 한교기독교회에 거주하면서 1924년 9월 조양대朝陽大 경제학과에 입학했다.

아나키즘을 수용하다

류기석이 조양대에 입학한 1924년 무렵 베이징에는 징메이주景梅九 등 중국 아나키스트 190여 명이 참가한 베이징안사北京安社 및 판번량范本梁, 린빙원林炳文 등 18명의 회원을 가진 신대만안사新臺灣安社가 결성되어 활동하는 등 중국 아나키스트들이 집결해 있었다. 그리고 중국의 원로 아나키스트인 차이위안페이蔡元培(베이징대北京大 총장), 장지張繼(민국대民國大 이사장), 리스청李石曾(베이징대 교수), 우즈후이吳稚暉(베이징대 교수) 등이 베이징에서 후학들을 양성하고 있었다. 베이징에 있던 한국인들 사이에서도 아나키즘이 하나의 흐름을 형성하고 있었다. 1920년대 초 신채호와 이회영이 베이징에 거주하면서 베이징에 있던 한국인들 사이에도 아나키즘이 확산되었다.

신채호는 1905년 황성신문사에 근무할 무렵에 고토쿠 슈스이幸德秋水의 『장광설長廣舌』을 읽고 아나키즘에 공명했다. 『장광설』은 1902년 고

토쿠 슈스이가 아나키스트로 전환하기 전에 저술한 것으로, 아나키즘과 공산주의를 비롯한 사회주의를 소개한 책이다. 신채호는 『장광설』을 통해 사회주의 사상을 접한 뒤 사회주의의 반제국주의적 측면을 수용했으며, 이를 바탕으로 민족주의를 제창했다. 그리고 『장광설』의 '암살론'에 공명하여 암살을 민족해방운동의 주요한 방도의 하나로 규정했다.

한편 신채호는 자강운동을 전개하는 과정에서 비밀결사인 신민회新民會에 참가했다. 신민회는 1907년 4월 안창호의 발기로 결성된 비밀결사이다. 1905년 을사늑약 체결로 나라가 존망의 위기에 처하자 많은 계몽단체들이 결성되어 국권을 회복하기 위한 운동을 전개했다. 하지만 합법적인 단체는 활동상의 제약을 많이 받을 수밖에 없었다. 이에 비밀결사의 필요성이 제기되었고, 그 필요성에 따라 결성된 것이 신민회였다. 신민회는 국권을 회복하여 공화정체共和政體의 자유 독립국을 건설하는 것을 궁극적 목적으로 규정했으며, 이 목적을 달성하기 위해서는 국권을 회복할 수 있는 '실력 양성'에 온 힘을 쏟아야 하고, 실력을 양성하기 위해서는 국민을 새롭게 해야 한다고 주장했다. 신민회는 실력 양성을 위한 사업으로 『대한매일신보』와 『소년』 등의 신문·잡지 및 서적 간행, 계몽 강연, 학교 설립과 인재 양성, 각급 학교 교육방침 지도, 실업·민족산업자본 진흥과 실업가의 영업방침 지도, 국외에서의 무관학교 설립, 국외에서의 독립군기지 창건 등을 설정하고, 이를 진행했다.

하지만 자강운동에 대한 일제의 탄압이 강화되면서 신민회는 선실력양성론의 온건파와 독립우선론의 급진파로 나뉘었다. 독립우선론을 내세운 이들은 양기탁梁起鐸, 신채호, 전덕기全德基, 이동녕, 이회영, 이동휘 등이었다. 이들은 1910년 일본의 한국병합 방침이 확실해지자 국내에서의 실력 양성에 의한 독립을 포기하고, 국외에 독립운동 근거지를 마련하여 무장투쟁을 전개할 것을 계획했다. 이들은 1910년 3월 긴급간부회의를 개최하여 '독립전쟁전략'을 채택하고, 중국으로 망명하여 국외에 독립군기지를 창건하기로 결정했다. 그리고 세부적인 것은 1910년 4월에 중국 칭다오青島에서 확대회의를 개최하여 상의하기로 했다.

신채호는 신민회의 결정에 따라 1910년 4월 8일 안창호, 이갑李甲, 이종호李鍾浩, 유동열柳東說, 김희선金義善, 조성환曺成煥, 김지간金志侃, 이종만李鍾萬(이종호의 동생), 정남수鄭南秀(정영도鄭英道) 등과 함께 칭다오 확대회의에 참가하기 위해 망명길에 올랐다. 회의에 참석한 신채호는 회의 결정에 따라 다른 사람들과 함께 영국 기선을 타고 블라디보스토크로 향했다. 만주나 연해주에 독립운동기지를 건설하고, 그곳을 근거로 하여 독립운동을 전개하기 위해서였다.

신채호는 연해주에 체류하면서 민족주의에 입각한 민족해방운동을 전개하는 한편, 사회주의에 대한 지식을 쌓아갔다. 그는 권업회勸業會에 관계하면서 『대양보大洋報』와 『권업신문勸業新聞』의 주필로 활동했다. 하지만 연해주 내 민족해방운동 세력의 파벌싸움에 실망하고, 1913년 8월 신규식申圭植의 초청으로 상하이로 갔다. 그는 상하이에서 중국 아나키스트 류스푸劉師復의 논설을 탐독하는 등 아나키즘에 대한 이해도를 높여나갔으며, 당시 상하이에 함께 거주하던 한국인들 사이에 벌어지고 있던 민족해방운동의 방도에 대한 토론에 참가했다. 이 토론에서는 아나키즘도 주제로 다루어졌던 것으로 보인다. 그동안 아나키즘에 공명하면서도 자신의 사상으로는 수용하지 않았던 신채호는 1917년의 러시아혁명을 계기로 사회개조·세계개조론과 대동사상을 수용했으며, 3·1운동 이후 아나키즘을 자신의 사상으로 수용했다. 3·1운동 과정에서 민족주의자들의 한계와 민중의 폭발적인 힘이 드러난 것이 계기가 되었다.

신채호는 3·1운동의 결과로 1919년 4월 상하이에서 대한민국임시정부가 수립되자 임시정부에 참여해 전원위원회 위원장으로 활동했다. 하지만 미국에 위임통치를 청원했던 이승만이 대통령으로 선출되자 이에 격렬하게 반대했는데, 결국 이 때문에 임시의정원에서 해임되었다. 이후 임시정부를 떠난 신채호는 『신대한新大韓』을 창간하여 임시정부의 운동노선을 비판하는 등 반임시정부 활동을 활발하게 전개했다. 그 과정에서 신채호의 아나키즘 수용은 촉진되었다. 즉 임시정부의 노선을 분쇄하기 위해 이승만의 외교노선이나 안창호의 준비론을 대체할 새로운 방법론을 찾는 과정에서 아나키즘을 민족해방운동의 지도이념으로 수용한 것이다.

1920년 『신대한』이 임시정부의 방해공작으로 정간되자 신채호는 베이징으로 갔다. 그리고 그곳에서 이회영과 교류하면서 아나키즘에 대해 연구, 토론하는 과정을 통해 아나키즘을 체계화해나갔다. 1921년에는 『천고天鼓』를 창간해 아나키즘을 선전했다. 그리고 국내와 베이징에 흑색청년동맹과 그 지부를 조직했다. 장지락은 국내 흑색청년동맹의 위원장을 신채호로 기록하였지만, 그가 결성 주체인지는 확실하지 않다.

1923년 1월에는 테러활동을 적극적으로 전개하고 있던 의열단의 부탁을 받아 일명 '의열단선언'으로 불리는 〈조선혁명선언〉을 발표했다.

잡지 『천고』

의열단은 1919년 11월 10일 지린吉林에서 강세우, 곽재기郭在驥(곽경郭敬), 김상윤, 김원봉金元鳳, 배동선, 서상락, 신철휴, 윤세주, 이성우, 이종암, 한봉근, 한봉인 외 1명에 의해 결성된 후, 베이징으로 근거지를 옮겼다. 1920년대 초의 의열단은 아나키즘을 지도 이념으로 하고 테러를 민족해방운동의 주요한 수단으로 삼았다. 의열단은 아나키즘적 입장에서 혁명을 달성할 수 있는 유일한 무기는 폭력이며, 파괴가 곧 건설이라는 단시團是를 채택하고, 혁명을 달성하는 방법으로 끊이지 않는 폭력, 파괴, 암살, 폭동 등을 취했다. 의열단이 행한 주요한 테러는 1920년 3월 곽재기 등 16명이 조선총독부 파괴를 기도한 밀양폭탄사건, 1920년 9월 박재혁朴載赫이 행한 부산경찰서 투탄投彈사건, 1920년 11월 최수봉崔壽鳳이

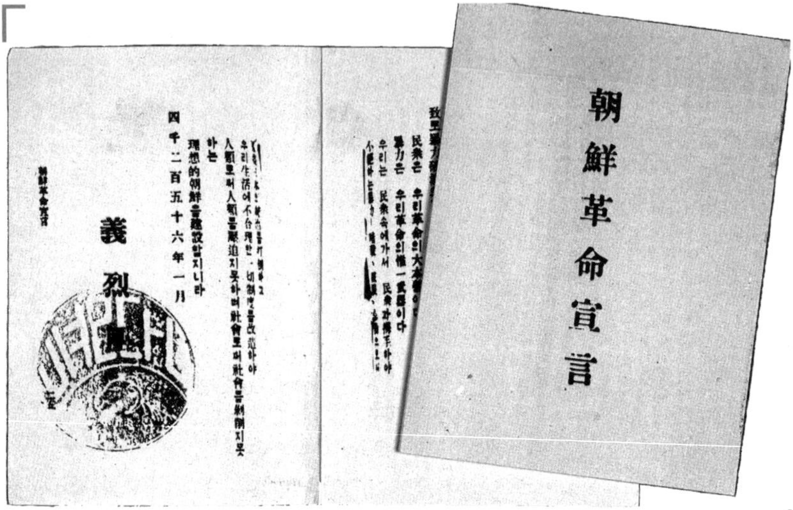

〈조선혁명선언〉

행한 밀양경찰서 투탄사건, 1921년 9월 김익상金益相이 행한 조선총독부 투탄사건, 1922년 3월 김익상·오성륜吳成崙·이종암 등이 행한 일본군 대장 다나카 기이치田中義一 저격사건 등이 있다. 당시 상당수의 재중국 한국인 아나키스트들은 의열단에 들어가서 테러활동을 했다.

하지만 다나카 기이치 저격사건에서 애꿎은 서양인 여성이 희생을 당하면서 테러활동에 대한 비판이 국제적으로 제기되었다. 공산주의자들도 테러활동을 전개하는 아나키스트들을 비판하고 나섰다. 의열단에서는 코민테른의 방침에 따라 테러활동을 모험주의라고 비판하는 공산주의자들의 주장에 논리적으로 대응하기 위해 테러활동을 이론적으로 체계화하고자 했다. 의열단장 김원봉은 이러한 이론화 작업을 신채호에게 부탁했다.

〈조선혁명선언〉이 발표되었을 때 그것을 읽은 조완구趙琬九가 그 자리에서 신채호를 작성자로 지목할 정도로 〈조선혁명선언〉에는 신채호가 평소에 주장하던 바가 그대로 담겨 있었다. 민중해방 곧 사회혁명은 민중의 직접행동에 의해 이루어진다는 내용의 민중직접혁명론과 그 방도로 테러적 직접행동론을 제창했다. 민중직접혁명이란 민중의 직접행동에 의한 사회혁명의 신채호식 표현이다. 신채호는 "금일 혁명으로 말하면 민중이 곧 민중 자기를 위하여 하는 혁명인 고로 민중혁명이라 직접혁명이라 칭한다"고 하여 민중의 직접행동에 의한 사회혁명을 민중직접혁명이라 칭했다. 그리고 혁명을 완수하기 위해서는 민중이 각성되어야 하고, 민중을 각성시키는 가장 유효한 방법은 바로 테러적 직접행동이라고 역설하면서 테러적 직접행동론을 민족해방운동의 방법론으로 체계화했다. 즉 "양병養兵 십만이 일척一擲의 작탄炸彈만 못 하며, 수억 장 신문·잡지가 일회一回 폭동만 못하므로 우리는 민중 속에 가서 민중과 제휴하여 부절不絕하는 폭력·암살·파괴·폭동으로써 강도 일본의 통치를 타도해야 한다"는 것이다. 신채호의 〈조선혁명선언〉을 통해서 테러활동은 한국인의 민족해방운동의 주요한 수단 중의 하나로 규정되었다.

테러적 직접행동론은 테러활동을 통해 민중들을 각성시키고 민족해방운동이자 민중해방운동 곧 사회혁명에 동참하게끔 만들어야 한다는 주장으로, 아나키스트들의 방법론이다. 그리고 민중의 직접행동에 의한 사회혁명론 역시 아나키스트들의 혁명관이다. 따라서 〈조선혁명선언〉은 신채호가 아나키즘에 입각해서 민족해방운동론을 집대성한 저술이

이회영

라고 할 수 있다. 또한 재중국 한국인 아나키스트들의 바이블과 같은 존재로, 의열단원들이 테러를 행할 때는 항시 〈조선혁명선언〉을 가슴에 품었으며 테러가 끝난 뒤에는 그것을 살포하면서 선전했다.

신채호와 더불어 한국 아나키즘을 개척한 또 한 사람은 이회영이다. 그는 약관 때부터 자유·평등을 주장하고 신분제도의 불평등을 배척했으며, 관료들의 권위주의와 지배욕을 저주해서 관리가 되는 것을 단념했다. 일찍부터 영웅이나 지도적 인물과 같은 능력 있는 개인보다는 다수의 보통 사람들을 중시하던 이회영은 1919년 3·1운동 이후 상하이에서 추진된 임시정부 수립과정에 참가했다. 당시 이회영은 인물 중심의 정부는 영웅 혹은 지도자들의 세력 각축장이 될 수밖에 없다면서, 임시정부를 수립하는 것에 반대하고 독립운동 단체를 결성할 것을 주장했다. 그는 민족해방운동을 전개하는 과정에서 만들어지는 중복과 마찰, 낭비를 방지하고, 상황 변화에 긴밀하게 대응할 수 있도록 조정기관 내지 연락기관만 만들어도 충분하다고 생각했던 것이다. 이러한 사고의 밑바닥에는 강권과 정부에 반대하는 아나키즘이 깔려 있었던 것으로 보인다. 즉 이회영의 반임시정부적 입장과 반중앙집권적 조직관은 아나키즘의 정부에 대한 비판과 자유연합주의적 조직관에 닿아있다고 할 수 있다.

이회영의 반대에도 불구하고 임시의정원이 조직되고 임시정부 조직을 위한 임시헌법이 기초되는 등 임시정부 수립 작업은 계속 진행되었다. 이에 이회영은 임시정부 수립을 재고해줄 것을 요청했지만, 받아들여지지 않았다. 이회영은 국무원장에 추대된 것도 거절하고, 1919년 5월 중순 상하이를 떠나 베이징으로 돌아갔다. 그는 김국빈金國賓(金國彬), 한세량韓世良, 한진산韓震山, 박용만朴容萬, 신채호 등의 인사들과 아침저녁으로 만나 민족해방운동의 방도에 대해 토론했다. 특히 1920년 베이징으로 간 신채호와는 매일 밤낮으로 토론했는데, 당시 아나키즘에 경도되어 있던 신채호와의 토론은 이회영에게 아나키즘의 수용을 촉진했던 것으로 보인다.

이회영은 1920년 무렵부터 아나키즘을 수용하기 시작한 것으로 추측된다. 그는 이전부터 평등과 인간의 자유에 대해 깊은 관심을 가지고 그것을 몸소 실천하고 있었다. 그 까닭에 이회영은 모든 인간의 평등과 개인의 절대적 자유를 추구하며 정부나 국가와 같은 권력기구에 반대하는 아나키즘에 공감하고 자연스럽게 그것을 수용했던 것으로 보인다. 아나키즘을 수용한 그는 1921년 신채호, 한영복韓永福, 박숭병朴崇秉 등과 함께 아나키즘 선전지 『천고』 창간을 발기하는 등 아나키즘 선전작업을 펼치기도 했다.

당시 이회영의 주변에는 많은 사람들이 모여들어 함께 일하자고 제안했지만, 그들의 제안을 모두 거절하고 어떤 단체에도 가입하지 않았다.

그는 1920년 가을 무렵부터 류자명柳子明, 이정규李丁奎, 이을규李乙奎, 김종진金宗鎭, 정화암 등의 젊은 청년들과 함께 민족해방운동의 경제적 기반을 확보하는 사업을 추진하고자 했다. 그것은 "민족해방운동은 단시일에 목적을 이루기 어려우며, 장기간을 두고 그 성취를 위한 힘을 기르고 기회를 기다리고 또 만들어가야 한다", "힘을 기른다는 것은 무력과 인재를 양성한다는 것이며, 그 핵심적인 정신요소로서 이론이 갖추어져야 한다"는 판단에 따른 것이었다.

민족해방운동의 경제적 기반을 확보하는 사업의 일환으로 이회영은 1921년 이정규, 이을규, 정화암 등과 함께 융딩하永定河개간사업을 추진했다. 융딩하개간사업은 하천부지를 개간해 거기에서 나오는 수익금으로 민족해방운동에 필요한 자금과 민족해방운동가들의 생활비를 조달하는 것을 목적으로 했지만, 개간할 자금을 마련하지 못해 실패하고 말았다. 융딩하개간사업 그 자체는 아나키스트운동이라고 할 수 없지만, 아나키즘의 자주정신에 기반한 것임은 부인할 수 없다.

이후 이회영은 이상촌 건설사업에 참여했다. 1923년 9월 중국 아나키스트 천웨이치陳偉器가 베이징대 동창인 이정규에게 저우 모周某라는 청년 아나키스트 소유의 토지에 이상농촌을 건설하는 사업에 참가해줄 것을 요청하자, 이정규는 이에 대해 이회영과 상의하고 사업에 참여하기로 했다. 이에 이상촌건설조합을 설립하고, 이를 통해 공동경작·공동소비·공동소유하는 마을을 건설한다는 계획까지 수립했다. 하지만 상호부조의 자위자치적 농촌공동체인 자주적 콤뮨 건설을 목표로 전개된 아나키스트운동이었던 이상촌 건설사업은 피치 못할 사정으로 결국 실현

되지 못했다.

이 무렵 베이징에는 류자명, 이정규, 이을규, 정화암 등의 청년 아나키스트들이 집결해 있었다. 이회영은 이들과 함께 1924년 4월 재중국조선무정부주의자연맹을 결성하여 아나키즘 선전작업을 전개했다.

류자명은 1919년 3·1운동 당시 수원고등농림학교에 재직하면서 학생들을 선동하여 시위를 전개하고자 했으나, 정보 누설로 실패하여 서울로 피신했다. 서울로 간 류자명은 6월에 이병철, 김태규, 조용주 등과 함께 대한민국청년외교단을 조직해 활동했으며, 3·1운동 이후 서울에서 조직된 임시정부인 한성정부의 충청북도 대의원으로 보선되었다. 이후 조용주와 함께 상하이로 건너가서 8월 18일에 개최된 임시의정원 제6차 회의에서 의원(충청도 대표)으로 보선되었으며, 여운형의 소개로 신한청년당에 가입했다. 그는 신채호의 강연을 듣고 감명을 받아 신채호와 교류했으며, 서점을 통해 구입한 아나키즘을 비롯한 사회주의 관련 서적을 탐독했다. 하지만 임시정부의 행태에 실망한 류자명은 김한 등과 함께 귀국길에 올랐다. 상하이에서는 더 이상의 실천활동을 할 수 없으며, 적극적인 활동을 모색하기 위해서는 서울이나 만주로 가야 한다고 판단했기 때문이었다.

12월에 귀국한 류자명은 김한, 강태동姜泰東, 이을규, 이정규 등과 함께 모임을 가지면서 민족해방을 둘러싼 문제에 대해 토론했다. 1921년 4월에는 『동아일보』에 「내적 개조론」을 발표하여 사회주의에 입각한 사회개조론을 제창했다. 류자명이 수용한 사회주의는 아나키즘이었는데, 그가 공산주의자인 김한과 동거하면서도 공산주의가 아닌 아나키즘을

류자명

수용한 것은 1920년 1월 10일에 발생한 모리토 다츠오森戸辰男 사건이 계기가 되었다. 모리토 다츠오가 아나키스트 경제학설에 관한 논문을 발표하여 구속된 사건을 계기로 류자명은 오스기 사카에大杉榮와 크로폿킨Pyotr Alekseevich Kropotkin 등이 저술한 아나키즘 관련 서적을 읽고, 민족 모순을 한국사회의 주요 모순으로 파악한 그는 점차 아나키즘을 수용해갔다. 그는 아나키즘의 국가 부정을 일제의 식민지 권력 반대와 동일시했으며, 아나키스트들의 테러활동을 반일애국행동으로 간주했다.

류자명은 1921년 4월 다시 중국으로 건너갔다. 베이징으로 간 그는 조성환曹成煥, 이완식李完植, 이광李光, 김창숙金昌淑, 박숭병, 이해산李海山, 한진산, 성준용成俊用, 고광인高光寅, 김상훈金上勛, 김병옥金炳玉, 임유동林有棟 등과 교류했다. 또한 신채호, 이회영과의 접촉을 통해서 아나키즘을 연구하는 한편 점차 실천활동을 모색했다. 그 과정에서 테러를 민족해방운동의 주요한 수단으로 여기고 의열단에 가입했다. 그는 당시 아나키즘에 입각해서 테러활동을 활발하게 전개하고 있던 의열단에서 통신연락과 선전작업 등을 맡았으며, 도쿄東京 왕궁 이중교에 폭탄을 투척한 김지섭金祉燮의 테러에도 관계했다. 그리고 1922년 하반기 신채호가 공산주의자들의 비판에 맞서 테러활동의 이론체계를 세우기 위해 〈조선혁명선언〉을 집필할 때 그와 합숙하면서 신채호를 돕기도 했다.

1924년 봄에는 베이징에서 김봉환金奉煥, 김대정金大庭, 김성숙金星淑, 김규하金奎河, 차응준車應俊, 김정완金鼎完 등의 학생들과 함께 비밀결사단체인 반역사反逆社를 조직했다. 반역사는 현재의 사회제도에 대한 반역을 표방하면서 1924년의 메이데이에 하나의 선전서를 배포했다.

1915년 3월 하순에 일본 도쿄로 건너가 1916년에 경응의숙慶應義塾 예과豫科에 입학한 이정규는 1919년 국내에서 3·1운동이 전개되자 독립운동에 뛰어들었다. 결국 경응의숙 이재과理財科 3년을 중퇴하고 중국으로 건너갔지만, 1919년 3월 말에 귀국했다. 4월 중순경에 다시 중국 상하이로 가서 6월 말에 대한민국임시정부 임시의정원 의원(충청도 대표)에 피선되었다. 9월 말 강태동과 함께 국내로 잠입하여 임시정부 교통망 설치를 도모하는 한편, 10월부터 강태동, 김춘기金春箕(의친왕 이강李堈의 처남), 이을규 등과 더불어 의친왕 망명 계획을 추진했지만 실패했다. 1920년 1월 강태동, 이기만李起晩, 양기탁, 이종욱李鍾郁(승려 대표), 김진원金鎭源(경의선여객 전무) 등으로 진용을 재정비하고, 상하이-안둥安東-서울을 연결하는 교통망을 완성했다. 1920년 8월 이정규는 미국의원단 환영사건으로 예비 검속되어 10여 일간 구금당했다. 그 뒤 1921년 4월 말 이을규 등과 함께 재차 망명을 시도하여 5월 중순에 상하이에 도착했다.

1921년 10월 이정규는 김만겸金萬謙의 주선으로 이을규, 정화암 등과 함께 이르쿠츠크Irkutsk 극동혁명자대회에 참석하고자 상하이를 출발해 베이징에 도착했다. 하지만 류자명의 만류로 극동혁명자대회 참석을 포기하고 베이징에 체류하면서 이회영과 교유하는 과정에서 그가 추진하던 융딩하개간사업에 동참했다. 이 사업에 소요될 자금을 마련하기 위해 정화암이 국내에 잠입하였지만 자금 마련에 실패하였고, 결국 융딩하개간사업은 흐지부지되고 말았다.

이정규는 이회영의 제의로 함께 추진했던 융딩하개간사업이 교착상태에 빠지자 1922년 신채호, 루쉰魯迅(저우수런周樹人 ; 베이징사범대 교수), 저우쭤런周作人(루쉰의 동생), 저우젠런周建人(루쉰의 동생), 러시아 맹인 아나키스트 시인 바실리 예로센코Vasili Yakovlevich Eroshenko, 대만 아나키스트 판번량 등과 교유하면서 아나키즘을 연구했다. 그는 중국 원로 아나키스트 리스청, 차이위안페이 등의 알선으로 베이징대 경제학부에 2학년으로 편입학했다. 12월에는 이회영, 이을규, 루쉰, 바실리 예로센코, 판번량 등과 사상문제를 연구했다. 이 과정에서 이정규는 아나키즘을 수용했다.

1923년 9월 베이징대 동창인 중국 아나키스트 천웨이치가 양타오촌洋濤村에 있는 저우周 씨 소유의 토지에 이상촌을 함께 건설할 것을 제의해오자, 이정규는 요청을 수락했다. 그는 이회영을 방문하여 농지 개척에 대한 체험담과 이 계획에 대한 의견을 묻고 지도해줄 것을 요청했다. 양타오촌의 이상농촌 건설사업은 한국의 인삼재배 농가를 이주시킬 계획을 세우고 이를 추진하는 등 어느 정도 진척이 되었지만, 후난성湖南省에 내분이 일어나 저우 씨 일족이 쫓겨 흩어지면서 중단되고 말았다.

한국인 아나키스트들이 베이징에 모여들면서 이들을 중심으로 결집이 시도되었다. 다나카 기이치 저격사건 이후 테러에 대한 국제여론이 악화되었을 뿐 아니라, 국내에서 대중운동이 성장하면서 점차 세력을 확장해가던 공산주의자들이 아나키스트들이 전개하던 테러활동의 무모함을 계속해서 비판하고 있었다. 따라서 이에 대항하기 위해서는 아나키스트들의 힘을 하나로 모을 필요가 있었던 것이다. 이회영, 이정규, 이을규, 류자명 등은 정화암과 함께 1924년 4월 재중국조선무정부주의자연맹을 결성했다. 1923년 8월 26일 일본에서 귀국했다가 1924년 6월 혹은 여름에 중국 베이징으로 건너간 백정기白貞基도 재중국조선무정부주의자연맹에 가입했다.

이 연맹은 『정의공보』를 통해 제국주의와 자본주의를 배척하고 현 사회제도를 파괴할 것을 주장하며, 민중의 폭력적 혁명을 고취하는 등 아나키즘 선전활동을 전개했다. 그리고 민족주의 진영 내의 파벌주의적 경향을 지양할 것을 요구하면서 자유연합의 조직 원리에 따라 모든 민족해방운동 단체들의 총력을 결집할 것을 호소했다. 한편 프롤레타리아 독재를 표방하는 공산주의의 볼셰비키혁명이론, 당시 해외 민족해방운동선상에 커다란 파문을 일으키고 있던 흥사단의 무실역행론과 국민대표회의를 비판하는 등 공산주의와 임시정부의 운동노선을 동시에 비판했다.

1924년 5월 1일 한진산, 장건상張建相, 김국빈 등이 창간한 『정의공보』는 순간旬刊(석판)으로 매 1일에 7호까지 발행되었으며, 주로 한진산에 의해 배포되었다. 재중국조선무정부주의자연맹은 이들과 교류하면서 『정의공보』를 기관지로 활용했다. 하지만 이 연맹은 결성된 지 반 년도 못가서 극심한 자금난과 생활난에 시달리게 되어 활동을 중지할 수

재중조선무정부주의연맹 결성(1924)

밖에 없었다. 결국 아나키스트들은 훗날을 기약하고 뿔뿔이 흩어졌다.

1920년대 전반기 베이징에는 중국의 아나키스트들이 집결해 있었고, 일군의 한국의 아나키스트 그룹이 형성되어 활발한 활동을 전개하고 있었다. 그러한 가운데 장지가 이사장으로 있던 조양대에 입학한 류기석은 급격히 아나키즘으로 경도되어 갔다. 특히 심용해와의 재회는 류기석의 아나키즘 수용을 촉진했다.

1920년 류기석의 가족이 왕칭현으로 떠나면서 류기석과 헤어진 심용해는 1923년에 지린중학吉林中學을 졸업하고 『대동일보大同日報』 기자로 취직했는데, 거기서 아나키즘을 접했다. 그는 1924년에 창춘을 떠나 베이징으로 갔으며, 중국 아나키스트 징메이주가 사장으로 있던 『국풍일보國風日報』에서 편집을 담당했다. 그는 일본에서 탈출한 일본인 청년 두 명과 동거하면서 대동사상에 대해 토론했으며, 이를 기반으로 아나키즘을 수용했다. 류기석과 심용해의 재회는 류기석이 『국풍일보』 부간副刊 『학회學滙』에 한 편의 원고를 투고하면서 이루어졌다. 류기석의 원고를 본 심용해가 연락해 재회가 이루어졌던 것이다. 그 뒤부터 류기석은 심용해와 함께 아나키즘을 연구했으며, 그러한 과정을 통해 아나키즘을 자신의 사상으로 수용했다.

아나키즘을 자신의 사상으로 정립하다

심용해와 함께 아나키즘을 연구하면서 이해를 높여 나가던 류기석은 점차 자신의 아나키즘을 체계화시켜 나갔다. 그는 먼저 국가와 정부를 철저히 부정했다. 아나키스트들은 일반적으로 국가와 정부를 지배계급의 지배수단으로 규정하면서 최대의 강권조직인 국가를 타도할 것을 주장한다. 그러나 일제강점기 상당수의 한국인 아나키스트들은 과도기에 한정된 것이기는 하지만 국가의 존재를 인정했다. 심지어 일부 아나키스트들의 경우에는 대한민국임시정부에 참가하기도 했다. 이에 비해 류기석은 국가는 민중의 자유보다는 권력 획득을 최우선시 하는 기구일 뿐이라고 하면서 정부와 국가를 자유와 민중의 불공대천不共戴天의 원수이자, 통치계급의 이익을 보호하는 수단에 불과한 것으로 규정했다. 그는 민주정부나 노농정부조차 부정하면서 다음과 같이 모든 정부를 자본주의의 산물이자 민중의 제일 큰 적으로 규정했다.

> 민주정부나 노농정부를 물론勿論하고 다 민중의 ×(적–필자 주)이다. 정부의 역사와 그 임무를 고찰하여 보면, 그는 완전히 자본주의의 산물이다. 민주 정부는 구자본주의의 산품産品이며, 노농정부는 신자본주의–국가자본주의의 산품이다. 민중의 제일 큰 ×(적–필자 주)은 정부이다.
>
> –「프로 문사文士와 유물사관」

그에 의하면, 정부는 자본주의의 산물로 사회주의와는 공존할 수 없으며, 정부조직을 파괴하지 않고서는 자본주의를 타파할 수 없다. 그는 사회혁명의 목적은 국가를 붕괴시키는 것이며, 국가가 없어진 이후에야 자유평등의 원리 위에 생산자 자치 위주의 새로운 사회를 건설할 수 있다고 주장했다. 또한 혁명가는 무산계급의 국가를 포함한 모든 국가를 근본적으로 타도해야 한다고 역설했다.

국가뿐 아니라 의회나 정당 등의 정치기관도 모두 부정했다. 그는 의회는 자산계급 특권자의 대표기관이고, 중앙집행위원회는 야심적野心的 정당의 기관일 뿐, 다들 민중의 직접기관이 아니라고 주장했다. 그가 보기에 일본의 무산 정당조차 소자산小資産 지식계급의 정당이자 정객政客 대본영大本營의 정당이며 야심가의 소굴로 변질된 조직일 뿐이었다. 따라서 정당은 진정으로 무산계급을 대표할 수 있는 존재가 될 수가 없었다.

그는 민족주의적 입장에서 민족해방운동에 뛰어들었지만, 아나키즘을 수용하면서 민족주의와 공산주의에 대해 부정적 입장을 취했다. 류기석은 민족주의자들이 추구하는 이민족 통치로부터의 해방이 민족해방운동의 제1보인 것은 맞지만, 민족국가 건설을 지향하는 독립운동이 민족혁명운동 그 자체는 아니라고 주장했다. 즉 혁명운동의 근본 목표는 인류의 자유·평등을 구하는 데 있으며, 민족주의자들이 지향하는 민족국가 건설에 있지 않다는 것이다.

그리고 민족주의의 계급적 기반인 민족자본가에 대해서도 그들의 반혁명성을 지적하면서 비판했다. 즉 경제상의 지위로 인해 철저한 혁명의식을 가지지 못하는 민족자본가들은 어떠한 경우에도 고식적姑息的인 타협책을 취할 수밖에 없다는 것이다. 1919년 한국 민족 전부가 총연합해 3·1운동을 전개했지만, 이후 민족자본가들이 일제와 타협하여 민족해방운동 대열에서 이탈했던 사실을 그 예로 들었다. 그는 한국의 독립운동 세력이 민족자본가들에게 독립운동자금을 요청했을 때 민족자본가들은 일본 경찰에게 도움을 요청해 자신의 생명과 재산을 보호받았던 사실을 근거로 들면서, 민족해방을 위해서는 민족자본가와 연합을 해야 한다는 공산주의자들의 주장에 대해 다음과 같이 부정적 입장을 취했다.

> 식민지의 많은 혁명자들은 민족 관념을 열렬하게 제창하면서 전 민족의 단결을 도모하고자 한다. 하지만 실제로는 이것은 이루어질 수 없는 잘못된 관념이다. 비록 식민지의 상중하 계급이 골고루 제국주의의 압박을 받지만, 식민지의 상류 계급-자산계급은 그의 세력과 자본의 발전을 유지하기 위해서는 제국주의와 타협하는 동시에 자민족을 수탈하지 않을 수 없다. 따라서 식민지의 자산계급과 민중은 동일한 해방전선상에 설 수 없다.
>
> -『약소민족의 혁명방략』

식민지의 상류 계급에 속하는 민족부르주아지들은 자신의 생존과 발전을 위해 제국주의 세력과 항시 타협하기 때문에 민족해방운동상에서 그들과 연합하는 것은 있을 수 없는 일이라는 것이다. 나아가 민족자본가들의 기만적 성격까지 지적했다. 그는 민족자본가들은 국가주의의 테두리 내에서 순수한 국가주의적 정치운동을 제창하고, 전 국민의 일치단결을 내세우며 단일 정당을 결성할 것을 주창하지만, 이는 기만적 주장으로 그들이 추진하는 국가주의 운동은 무산계급의 계급의식을 교란시킬 뿐이라고 역설했다. 그는 민족자본가들이 전 민족의 일치단결을 고창하는 것은 무산계급의 힘을 이용하기 위한 것에 불과하다고 보았다. 즉 민족자본가들은 자신들의 투쟁목표인 제국주의 타도와 자본주의 왕국 건설을 실현하기 위해서는 무산계급의 후원이 꼭 필요하기 때문에 '전민일치全民一致'라고 하는 교묘한 이론을 가지고 민족 간의 반감을 선동한다는 것이다. 그는 일제강점기 민족주의자들이 전개한 물산장려운동은 민족자본가들의 배만 채울 뿐 한국 무산자들을 고통으로부터 벗어나게 해줄 수 없다고 단정하면서, 물산장려운동에 참가하면 결국 자본가계급에게 이용당하기만 할 뿐이라고 주장했다.

류기석은 민족주의에 이어 공산주의도 비판했다. 우선 유물사관을 부정했다. 그는 「무산계급예술신론」에서 생산력은 대부분 인간의 창조적 의식으로부터 나오며, 인간의 창조적 의식과 자유의지가 없다면 인류사회의 생활 상태는 변하지 않을 것이라고 주장하면서, 생산력과 생산관계의 모순에 의해 인류사회는 변화하고 발전해간다는 유물사관을 다음과 같이 망론으로 규정했다.

사람의 의식이란 육체를 떠나 있는 것이 아니요, 육체와 어느 때든지 함께 있는 것인 줄을 안다. 그러나 우리는 의식이 없는 육체란 죽은 것에 지나지 못하며, 교호交互작용의 생명력이 없는 단순한 세포란 하등의 힘을 발하지 못하는 것임을 알아야 한다. 생명력과 자유의지가 구재俱在한 사람의 육체를 생명력이 없는 단순한 기계(기계는 생명도 없으나 작용은 있음)와 같이 해석하여 가지고 생산방식과 억지로 부회附會하려 하며, 인류의 의지와 모든 것은 다 생산방식의 속박을 받는다는 맑스의 유물사관의 망론에 대하여는 참으로 고소를 금치 못하겠다.

–「무산계급예술신론」

이 글에 의하면, 생명력과 자유의지를 모두 갖춘 사람의 육체를 생명력이 없이 단지 작동할 뿐인 기계와 동일시 할 수는 없는바, 사람의 의지를 생산방식의 속박을 받는 것으로 규정하는 유물사관은 망론이다. 나아가 「프로 문사와 유물사관」에서는 생산분배 방법이 인간의 모든 정치·도덕·법률을 규정한다고 주장하는 마르크스를 경제결정론자로 규정했다. 그러면서 마르크스를 따르면 인류의 자유의사는 무시될 수밖에 없으며, 유물사관은 모든 것을 경제로 정명定命하여 인류를 이 사회의 주인이 아닌 기계의 노예로 만들 뿐이라고 다음과 같이 역설했다.

…… 이러한 극단의 기계적 법칙은 즉 인류의 자유의지를 몰시沒視한다. 이러한 유물역사관만 의하여 인류의 문명과 자유를 구하다가는 과학의 발전은 도리어 인류를 기계로 만들 것이다. 유물사관이 인류를 객관客觀

하여 사람을 생명 있는 기계식 물질로 보는 것은 정확한 관찰이다. 그러나 모든 것을 경제로 정명定名하여 인류를 기계의 노예로 만드는 것, 사람이 기계의 주인이 되지 못하고 기계가 사람의 주인이 되게 하는 것은 유물사관이 소치所致하는 바이다.

-「프로 문사와 유물사관」

그는 자본주의가 충분히 성숙한 후에야 공산주의혁명이 성공할 수 있다는 유물사관의 주장도 잘못이라고 다음과 같이 주장했다.

"자본주의의 발전이 절정에 달하면 곧 타격하지 않아도 스스로 붕괴한다", "진정한 사회혁명은 생산력 발전이 그 절정에 도달하여 그 사회조직을 파괴한 후에 비로소 발생한다"라고 하는 등의 이러한 말은 완전히 변장한 자본주의자가 사람을 속이는 말투이다.

-「동양의 우리들東洋に於ける我等」

또 류기석은 공산주의자들의 사회혁명론도 비판했다. 즉 사회혁명을 경제혁명으로 단순하게 보고, 경제혁명만 완성되면 사회혁명은 완성된다고 주장하는 유물사관은 역사적 사실을 무시하고 인류의 자유를 국한하는 경제결정론에 불과하다면서 유물사관의 한계를 지적했다.

사회혁명은 감정적·보구적報仇的 혁명이 아니고, 정의를 기조로 한 무산계급의 해방적 혁명이므로 적을 타도만 시키면 그만이다. …… 유물사관은 사회혁명을 경제혁명으로 단순하게 본다. 그리하여 경제혁명만 완성되면 사회혁명은 완성된다고 한다. 이것은 유물사관이 인생의 자유를 편면片面으로만 관찰한 소이所以이다. 이것이야말로 역사적 사실을 무시하고 인류의 자유를 국한한 경제결정론이다. 인류생활의 자유를 개괄적으로 논하면, 경제와 정치 이중으로 분分할 수가 있다. 그러므로 어떠한 시대를 물론하고 그 시대의 경제 상태는 그 시대의 정치 상태와 작반作伴하는 것이다. 예를 들면 농노시대에는 전제정치와 작반하였고, 임금노예시대에는 의회정치와 작반한 것은 누구나 부인하지 못할 사실이다. 장래 공산제도시대에는 그 시대의 정치가 있을 것이다. 그 시대의 정치 상태는 즉 자유연합이며 자유발의이다. 그러나 유물사관은 단지 경제혁명으로 여러 가지를 포괄한다고 했다. 이것은 편면적片面的 혁명이다.

진정한 사회○○(혁명—필자 주)은 유물사관식이 아니고, 경제·정치의 이중○○(혁명—필자 주)이다.

—「프로 문사와 유물사관」

정치와 경제가 떼려야 뗄 수 없는 관계에 있기 때문에 사회혁명을 완성하려면 모든 신구 자본주의를 근본적으로 없애야 하고, 동시에 현재의 모든 정치를 파괴하여야 하는바, 이처럼 경제와 정치 양 방면에서 혁명이 일어나야만 진정한 민중해방이 이루어질 수 있다는 것이다.

자본주의사회는 국가자본주의와 프롤레타리아 독재를 거치지 않고 곧바로 아나키스트사회로 발전할 수 있다고 하면서, 유물사관과 함께 프롤레타리아 독재론을 망론妄論으로 규정했다. 계급투쟁은 노동자의 조직으로써 현 사회의 재산을 몰수하여 사회에 환원하는 것을 그 목적으로 하며, 모든 전제를 배척하기 때문에 프롤레타리아 독재에 대해서도 당연히 반대한다고 주장했다. 그리고 사회혁명 이후에는 프롤레타리아가 존재하지 않는다고 하면서 프롤레타리아 독재의 근거 자체를 부정했다.

> 사회혁명은 아주 압제자를 소멸하며 계급을 소멸하는 혁명인데, 혁명이 완성된 후에야 또 무슨 프롤레타리아가 있겠는가? 계급의 구별이 없어지면 생활의 구별도 없어질 것은 사실이 아닌가?
>
> –「프로 문사와 유물사관」

그는 유물사관에 따른 혁명은 현재의 압제자를 없애고 다시 당파로 통치계급을 만들어 당파의 전제정치를 행行하는 이폭역폭以暴易暴의 혁명에 불과할 뿐이며, 그렇기 때문에 혁명 후에도 계급이 소멸되지 않고, 혁명 이전의 프롤레타리아의 일부가 관료계급으로 되어 신부르주아지를 이룬다면서 프롤레타리아 독재의 허구를 지적했다. 그것은 러시아혁명에서 잘 드러난다고 했다. 러시아의 볼셰비키가 프롤레타리아 독재라는 간판을 들고 일당의 전제정치를 실행하는 바람에 러시아의 사회혁명이 실패했다는 것이다. 결국 프롤레타리아 독재는 진정한 민중해방을 가져올 수 없으며, 오히려 민중의 자유의 가장 큰 원수라는 것이다.

공산주의자들이 식민지의 경우 사회주의사회로 넘어가는 과도기로 민족혁명을 설정하는 것에 대해서도 류기석은 반대했다. 그는 공산주의자들은 "식민지 민족이 사회◯◯(혁명–필자 주)을 실행하고자 하면, 먼저

민족○○(혁명-필자 주)을 경과하지 않으면 안된다"고 주장하고 있으며(「약소민족 해방의 목표弱小民族解放の目標」), 심지어 제3인터내셔널(코민테른)은 1922년 모스크바 공산당대회에서 식민지혁명 방략에 대해 토론하여 결정할 때 민족혁명을 사회혁명에 도달하는 과도정책으로 선택했다고 하면서 비판했다.

러시아혁명

나는 식민지 민족은 그러한 과도기를 다시 지날 필요가 없다고 생각한다. 왜냐하면 그들이 혁명의 과도기에 당하는 고통은 이미 충분하기 때문이다. 식민지 민족이 독립하는 날은 바로 사회혁명을 완성하는 날로써, 우리들이 약소민족이 받는 속박을 완전히 해방시키고자 하면 현 사회의 불량 제도를 뒤집어엎는 사회혁명을 주장하지 않을 수 없다. 왜냐하면 사회의 사유재산제도가 의연하게 존재하고 있으면, 단지 본국의 지배자를 교체하는 것에 불과한 민족혁명은 식민지 민족에게 여하한 이익도 가져오지 않기 때문이다.

-『약소민족의 혁명방략』

약소민족은 사회혁명을 통해서만 독립과 완전한 해방을 이룰 수 있으며, 지배자를 교체하는 것에 불과한 민족혁명을 사회혁명으로 가는 과도기로 설정할 필요는 전혀 없다. 민족혁명은 식민지 민중에게 아무런 이익도 가져오지 않는다.

류기석은 공산주의자들의 계급관과 전위조직의 혁명지도에 대해서도 비판했다. 이성로가 「신흥 시詩에 대하여」에서 "맑스주의적 인생관, 사회관, 우주관을 확립한 자라야만 진정한 프롤레타리아라 할 수 있다. …… 주의자가 되지 않고는 프롤레타리아가 될 수 없다"고 주장하자, 이에 대해 "불쌍한 모든 노동자·농민을 ◯(무-필자 주)시하고 오직 자기와 같은 사람만이 프로레타리아라고 하는 것은 얼마나 황당절륜의 수작인가?"라고 반문했다. 류기석에 따르면, 노동자이지만 마르크스주의적 의식이 없으면 프롤레타리아가 될 수 없으며, 지식인이라도 마르크스주의적 의식을 지니고 있으면 프롤레타리아라는 이성로의 주장은 잘못된 것이다. 류기석은 지식인은 마르크스주의자라고 해도 결코 프롤레타리아가 될 수 없다고 보았다.

그리고 혁명의 주력은 어디까지나 혁명 민중이며, 정당이나 전위조직이 혁명을 독임獨任해서는 안된다고 하면서, 전위조직의 일방적 혁명 지도를 다음과 같이 부정하고, 위로부터 아래로의 강제적 지도와 맹목적 복종은 혁명을 실패로 이끌 뿐이라는 점을 강조했다.

> 계급 대립이 일어나고 있는 사회에서는 반드시 철저한 계급의식이 있는 어느 조직체가 있어 선봉에 서야 하지만, 이 조직체는 민중과 동일한 수평

상에서 운동을 지도해야지, 만약 민중의 위에서 민중을 통치하고 민중에게 명령을 내리려고 하면 민중운동을 하는 조직체로 결코 인정할 수 없다.

–『약소민족의 혁명방략』

류기석은 코민테른의 일국일당주의도 부정했다. 제4차 조선공산당이 1928년에 붕괴되자 코민테른은 1928년 12월 「조선의 농민 및 노동자의 임무에 관한 테제(일명 12월 테제)」를 발표하여 공산주의운동에서 분파투쟁을 청산할 것, 지식인에 중점을 두고 있던 당의 조직방침을 고쳐서 노동자·농민에 기반을 두고 당을 재건할 것 등을 지시하고, 조선공산당 승인을 사실상 취소했다.

조선공산당은 1925년 4월 17일 서울 아서원에서 화요회와 북풍회의 주도하에 결성되었다. 공산주의 3대 파벌 중의 하나인 서울청년회 계열의 서울파는 결성에서 배제되었다. 조선공산당은 전국 각지를 순회하면서 농민과 노동자 등을 대상으로 강연회를 개최하거나 직업별 노동조합 창설에 관여하는 등의 활동을 전개했으나, 1925년 11월 '신의주사건'으로 붕괴되고 말았다. 신의주사건은 신만청년회원이 신의주의 한 식당에서 친일파 변호사를 폭행한 것이 발단이 되어 박헌영朴憲永이 상하이로 보내는 비밀서류가 발각이 되면서 조선공산당원들이 검거된 사건을 말한다.

당시 체포되지 않고 숨어 있던 당 책임비서 김재봉金在鳳이 당원 강달영姜達永과 함께 1926년 6월 서울에서 제2차 조선공산당을 조직했다. 하지만 김재봉은 곧 체포되고 말았다. 그 후 제2차 조선공산당은 순종이

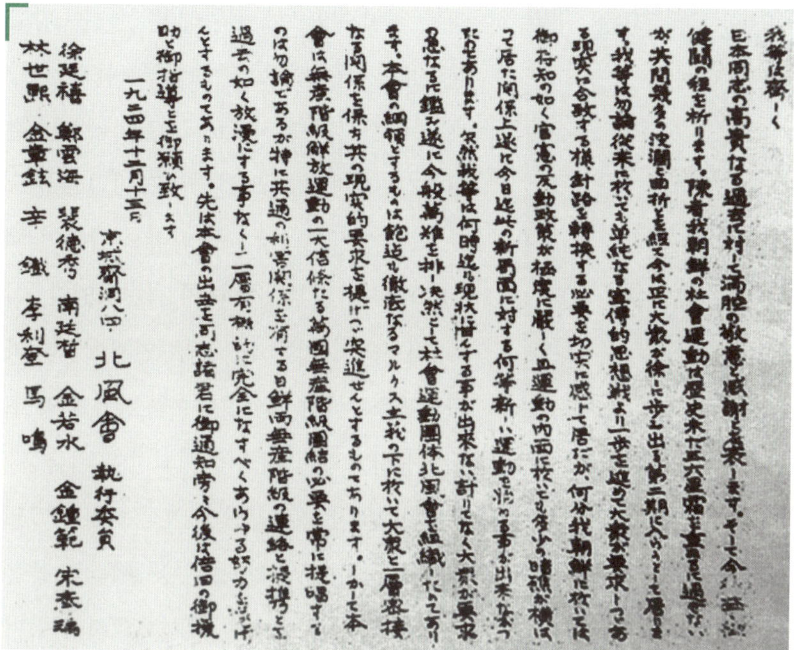

我等は謹しく
日本同志の高貴なる過去に対して満腔の敬意と感謝とを表します。そして今後益々
健闘の程を祈ります。陳者我朝鮮の社會運動は歴史未だ五六星霜を算するに過ぎない
が、其間幾多の波瀾と曲折とを經て今は正に大衆が徐しに歩み出る第二期に入らうとして居りま
す。我等は勿論従来に於ても単純なる宣傳的思想戦より一歩を進めて大衆が要求しつゝある
現実に合致する様針路を轉換する必要を切実に感じて居たが、何分我朝鮮に於ては
御存知の如く官憲の反動政策が極度に厳しく且運動の内面に於ても多少の暗礁が横はつ
て居た関係上遂に今日迄此の新局面に対する何等新しい運動を進める事が出来なかつ
たのであります。然し我等は何時迄も現状に甘んずる事が出来ない許りでなく大衆が要求
の急なるに鑑み遂に今般萬難を排し決然として社會運動團体北風會を組織したのであり
ます。本會の綱領とするものは飽迄も徹底なるマルクス主義の下に於いて大衆と一層密接
なる関係を保ち其の現実的要求を提げて突進せんとするものであります。しかして本
會は無産階級解放運動の一大信條たる萬國無産階級團結の必要を常に提唱するの
は勿論であるが特に共通の利害関係を有する日鮮両無産階級の連絡と提携とを
過去の如く放漫にする事なく一層有機的に完全になすべくあらゆる努力を惜まな
いとするものであります。先は本會の出生を同志諸君に御通知旁々今後は倍旧の御援
助と御指導とを御頼み致します

一九二四年十二月十五日

京城齋洞八四 北風會 執行委員

徐廷禧 鄭雲海 裵德秀 南廷晳 金若水 金鍾範 宋奉瑀
林世熙 金章鉉 辛鐵 李利登 馬鳴

북풍회 조직 선전문

사망하자 민족주의 세력과의 연합으로 제2의 3·1운동을 전개하고자 했다. 6월 10일 순종의 장례식 때 대규모의 민중봉기를 일으키기로 계획했으나, 준비과정에서 발각이 되어 조선공산당은 또다시 일망타진되고 말았다.

이에 과거 화요회파와 대립 관계에 있던 일본 도쿄의 일월회와 국내 서울파가 북풍회 계통의 ML파와 합세하여 1926년 12월 6일 조선공산당 2차 당대회를 개최한 뒤, 제3차 조선공산당(속칭 ML파 공산당)을 조직했다. 제3차 조선공산당은 '정우회선언正友會宣言'을 통해 종래의 투쟁 형

김재봉

태를 정치투쟁으로 전환해야 한다는 방향 전환론을 제기하고, 민족주의자들과 연합해 통일전선적 조직으로 신간회新幹會를 결성했다. 하지만 1928년 2월 당내의 내분으로 조직이 탄로나서 당책임비서 김준연金俊淵을 비롯한 간부들이 대거 검거되었다. 이때 검거되지 않은 당 간부 안광천安光泉과 한위건韓偉建 등이 1928년 2월 27~28일 조선공산당 3차 당대회를 개최하여 차금봉車今奉을 책임비서로 선출했다. 하지만 제4차 조선공산당 역시 1928년 7월 당 간부가 거의 체포됨으로써 해체되고 말았다. 이후 공산주의자들은 코민테른의 〈조선의 농민 및 노동자의 임무에 관한 테제〉의 지침에 따라 노동자와 빈농에 기초한 당 재건운동으로 나아갔다.

조선공산당 승인을 취소한 코민테른은 일국일당주의 원칙을 내세워 일본과 중국에 있던 한국인 공산주의자들에게 일본 공산당과 중국 공산당에 가입할 것을 종용했다. 이에 따라 1930년 3월에는 조선공산당 만주총국이, 1931년 10월에는 조선공산당 일본총국이 각각 해체되었으며, 이후 많은 한국인 공산주의자들은 일본과 중국 공산당에 가입해 항일투쟁을 전개했다.

이에 대해 류기석은 일본 무산 정당은 한국의 독립을 보장해주지 않으며, 일본 무산 정당 내의 극좌파인 노동·농민당조차 정강에서 식민지 민족 차별 철폐만을 내걸고 있을 뿐이라면서 한국인이 일본의 정당에 가입하는 것에 반대했다. 그는 "설령 한국인이 일본의 보선운동普選運動에 참가해 일본의 무산 정당을 원조한다고 해서 한국의 의원이 일본의 국회에 참가할 수 있을 것이며, 일본의 소위 무산 정당이 정권을 장악한다고 해서 대만과 한국이 독립할 수 있겠는가?"라고 반문했다.

공산주의에 대한 류기석의 비판은 볼셰비키 정부를 수립한 소련에 대한 비판으로 이어졌다. 그는 먼저 소련의 신경제정책을 비판하고 나섰다. 1917년 10월혁명 이후 소련 볼셰비키 정부에서는 백군과의 전쟁 및 제국주의 세력의 군사 간섭에 대응하기 위해 식량할당징발제로 대표되는 전시공산주의戰時共産主義정책을 실시했다. 이에 농민들이 반발하면서 극심한 식량난이 발생하고 생산이 위축되어 국가경제가 파탄에 직면하자 각지에서 폭동이 일어났다. 이에 레닌은 1921년에 신경제정책NEP을 실시했다.

신경제정책의 골자는 국민경제의 중심은 프롤레타리아 국가가 장악하되, 부분적으로 자본주의적 요소를 용인해 사회주의 발전에 필요한 기초를 준비한다는 것이었다. 식량할당징발제는 식량세제食糧稅制로 대체되고, 잉여농산물에 대한 자유판매도 허용되었다. 그리고 사기업으로의 부분적 전환이 이루어졌고, 국영기업도 정부가 임명한 관리인이 엄격한 회계 절차와 이윤 추구 등의 상업적인 원칙 아래 경영되었다. 신경제정책을 실시한 결과 소련의 경제는 1925년에 이르러 제1차 세계대전 이전의 수준으로 회복되었다.

류기석은 신경제정책은 공산주의를 포기하고 자본주의 사회로 돌아가는 것에 불과한 자본주의 연명책이라고 비판했다. 그리고 신경제정책

크론시타트 수병

같은 자본주의식 발전은 도리어 민중에게 해를 주는 원동력이 될 뿐이라고 비판하면서 신경제정책을 적색제국주의로 규정했다.

그는 1917년에 일어난 10월혁명 자체를 부정했다. 10월혁명을 소자산계급 정당인 볼셰비키파의 혁명으로 규정하고, 1921년의 크론시타트Kronshtadt폭동을 러시아 제3혁명으로 규정했다. 크론시타트폭동은 크론시타트 수병들이 볼셰비키 정부에 대항해 일으킨 봉기이다. 소련의 전시공산주의정책에 반발하여 페트로그라드의 노동자들이 동맹파업을 전개하자, 크론시타트의 수병水兵들은 페트로그라드 노동자들 파업의 진상을 조사하고, 대집회를 개최하여 15개 항의 요구조건을 통과시켰다. 소련 볼셰비키 정부가 탄압하자 이에 대항해 크론시타트 민중과 합작하여 자유소비에트를 조직하고자 했다. 볼셰비키 정부는 크론시타트에 대한 포격을 개시했고, 열흘간의 혈전 끝에 볼셰비키 정부군이 크론시타트를 점령했다. 이 폭동이 계기가 되어 소련은 신경제정책을 시행했다.

류기석은 10월혁명으로 성립한 볼셰비키 정부는 크론시타트 수병들의 평화적인 요구를 무력으로 무자비하게 진압한 후, 신경제정책을 선포하고 철저하게 자본가계급과 손을 잡았다고 비판했다. 그러면서 크론시타트폭동이야말로 진정한 노동자의 혁명이며 무산계급의 혁명이라고 주장했다. 그는 소련 공산당은 정치권력만 잡고자 할 뿐 인민 해방은 고려하지 않으며, 오히려 제정 러시아의 정책을 계승하여 인민을 압박하고 노예화했다고 주장했다. 그는 「러시아露西亞 제3혁명-크론시타트폭동」에서 "현재의 소위 혁명 러시아는 벌써 사회혁명의 성질이 한 점도 없는 반혁명당 치하의 러시아가 되고 말았으며, 공산당 통치는 포학暴虐과 반동의 결정結晶이며, 공산당 국가는 가장 음험하고 가장 세력 있는 반혁명운동의 물건으로 전락하고 말았다"고 단정했다. 그에 의하면, 소련은 "경제 방면으로는 국가와 사인私人 자본주의의 연합이고, 정치 방면으로는 무산계급 독재제-정확하게 말하면 즉 공산당 내부 수령의 독재제"(「적색제국주의」)에 불과했다. 이에 그는 소련을 박멸해야 한다고 역설했다.

류기석이 소련을 비판하게 된 또 하나의 요인은 '자유시참변'이다. 자유시참변은 일명 '흑하사변'이라고도 하는데, 소련 적군이 일본군의 토벌을 피해 자유시에 집결한 한국독립군을 무장해제시키는 과정에서 일어난 충돌 사건을 말한다. 1920년 싼툰쯔三屯子전투, 봉오동鳳梧洞전투,

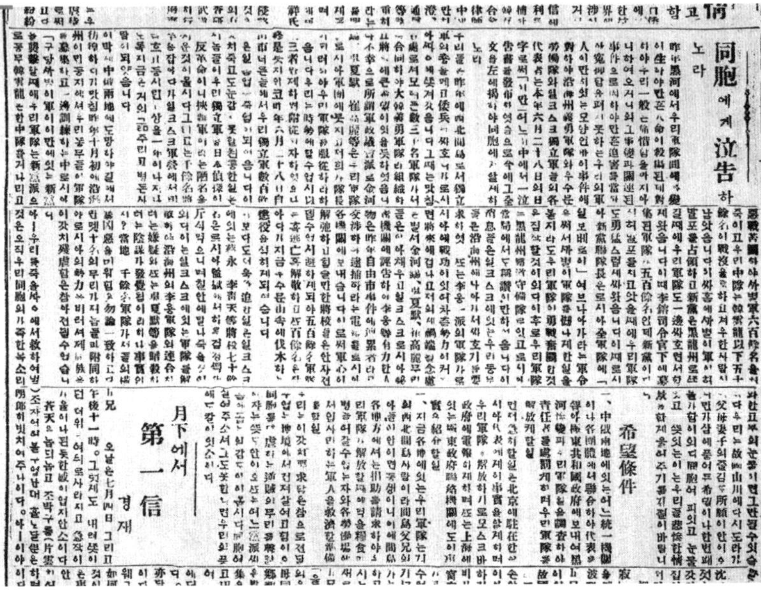

同胞에게 泣告하노라

希望條件

月下에서 第一信

경재

흑하사변의 진상 보도기사 (22.5.27)

청산리青山里전투 등에서 한국 독립군에게 크게 패한 일본은 만주에 있는 한국 독립군을 완전히 소탕하기 위해 대대적인 토벌작전을 펼쳤다. 이에 한국 독립군들은 전략상 부득이 노령露領으로 이동했다. 1921년 3월까지 자유시에 여러 무리의 독립군들이 집결했는데, 군권 장악을 둘러싸고 이들 사이에 분쟁이 일어났다. 거기에다 일본과 소련 사이에 어업조약이 체결되면서 소련은 일본의 요구에 따라 한국 독립군을 무장해제시킬 것을 약속했다. 결국 소련은 1921년 6월 22일 한국 독립군에게 무조건 무장해제하라고 통지했다. 이에 한국 독립군이 완강히 반대하자,

자유시 전경

소련 적군은 강제로 무장해제를 단행하기로 했다. 6월 28일 2대의 장갑차와 30여 문의 기관총을 앞세우고 저항하는 한국 독립군을 공격했다. 이 사건으로 수많은 사상자가 발생했다. 『재로고려혁명군대 연혁』에는 사망 36명, 포로 864명, 행방불명 59명으로, 「간도지방 한국독립단의 성토문」에는 사망 272명, 익사 31명, 행방불명 250명, 포로 917명으로 기록되어 있다.

류기석은 1925년 4월 무렵, 『학회』(『국풍일보』의 부간副刊)에 글을 발표하여 자유시참변과 신경제정책에 대해 비판했다. 이에 공산주의자들은 자유시참변과 신경제정책 때문에 공산주의를 반대한다는 것은 가소로운 일로 반론할 가치조차 없다고 반박했다. 류기석은 『민중民衆』(중국, 반월

간) 제1기와 제4기에 「붉은 러시아가 한국혁명당을 압박한 실황赤俄壓迫韓國革命黨實況」과 「레닌당에 대한 한국혁명당의 태도韓國革命黨對列寧黨的態度」를 발표하여 소련이 한국 독립군을 탄압한 것을 재차 강력하게 비판했다.

그는 또 약소민족의 민족해방운동에 대한 소련의 정책도 비판했다. 소련은 민족자결주의를 내세우며 약소민족의 독립운동을 승인하고 지원한다고 천명하고 있지만, 그것은 자국의 이익을 위한 것일 뿐이라고 주장했다. 즉 소련이 약소민족의 독립운동을 지원하는 것은 한국, 인도, 몽골 등을 이용하여 영국과 일본 등의 침략과 같은 자기의 위급을 면하기 위한 것일 뿐, 약소민족의 독립을 인정해서가 아니라는 것이다. 그리고 소련은 옛 러시아의 통치하에 있던 소수 민족의 독립을 인정하지 않고 오히려 그들의 독립운동에 대해 탄압 일변도의 태도를 취하고 있는데, 그것은 우크라이나와 코카서스 등에 중요한 지하자원이 소장되어 있기 때문이라고 역설했다. 약소민족의 독립보다는 자국의 이익을 우선시하는 소련에게 충분한 무력만 주어진다면 중국이나 터키, 인도, 아프가니스탄 등지를 약취하고자 할 것이라면서 소련의 제국주의적 속성을 지적했다.

아나키즘을 선전하다

아나키즘을 받아들인 류기석은 심용해와 함께 1924년 10월 무렵 베이징 민국대民國大에서 한·중 학생들을 규합해 아나키즘을 선전할 목적으로 아나키스트 단체 흑기연맹黑旗聯盟을 결성했다. 흑기연맹에 참가한 중국 아나키스트는 샹페이량向培良, 리페이간李沛甘, 가오장훙高長虹, 궈퉁슈안郭桐軒, 바진巴金, 팡쭝아오方宗鰲 등이었다. 흑기연맹은 1925년 봄부터 차이위안페이, 장지, 리스청, 우즈후이 등의 지원을 받아 기관지 『동방잡지東方雜誌』(중문中文 ; 팡쭝아오 주간)를 발행하는 등 아나키즘을 연구하고 선전하는 활동을 전개했다.

이와 함께 류기석은 1925년 2월에 북경고려유학생회 관계자들과 함께 해외순보사를 창립했다. 해외순보사는 창립선언을 통해 독립운동과 사회운동을 아우르는 혁명운동을 지지하며, 타협적·의타적 방식이 아니라 폭력적·희생적 암살파괴운동 등을 지지한다고 밝히고, 『해외순보

海外旬報』를 발행하여 아나키즘을 선전했다. 『해외순보』는 "제국주의를 타파하고, 조선 민족 고유한 문명을 발휘시키며, 동서 최신 학설을 소개하여 민중의 신문화를 건설하여 가지고 정치상 경제상 평등인 새 사회를 세우는 것"을 주지로 했다. 지면은 시평, 논설, 문예, 사회조사, 명인 전기, 중국유학 안내, 세계어강좌 등으로 구성했다. 『해외순보』는 1925년 3월부터 중국어와 한국어로 1,000부씩 발행되었으며, 류기석은 오경파吳耕波, 김봉환金鳳煥, 김성숙 등과 함께 주간으로 활동했다.

상해 5·30 운동 삽화

류기석은 각종 집회에도 참가하여 연설을 통해 아나키즘을 선전했다. 그는 점차 학생운동계에서 두각을 드러내기 시작했다. 베이징 각 대학의 학생 집회 및 상하이에서 일어난 '5·30운동'에 호응하여 베이징에서 개최된 각종 집회에 참석하여 연설을 했다.

5·30운동은 1925년 5월 30일 상하이에서 벌어진 대중적 시위가 중국 전역으로 확산된 반제국주의운동이다. 1925년 2월에 일본인이 운영하는 내외內外방직공장에서 중국인 여성 노동자가 학대당하는 일이 벌어졌는데, 이를 계기로 노동환경 개선을 요구하는 파업이 일어났다. 곧 중

국 각지로 퍼져 나가면서 노동자들의 투쟁은 학생운동을 비롯한 민중운동으로 확대되었다. 5월 30일에는 5월 중순에 파업 중이던 중국 노동자가 피살된 데 항의하며 대중적 시위가 전개되었다. 1만 명에 이르는 민중들이 주요 도로를 점거하고, 체포된 학생 석방과 조계지 반환을 요구했다. 이 시위를 진압하기 위해 출동한 영국 경찰이 발포했다. 사망 13명, 부상 15명 등 사상자가 다수 발생했으며, 53명이 체포되었다. 이에 5월 31일에는 20만 명 이상의 상하이 노동자들이 상하이총공회上海總工會를 조직하고, 6월 1일부터 총파업에 들어갔다. 상하이총공회는 학생, 상인 단체와 함께 공상학工商學 연합회를 조직해 불평등조약 철폐와 상하이사건 해결을 요구했다. 학생들은 동맹휴학을 단행했으며, 상인들도 폐점 파업에 참여했다. 5·30운동은 광저우廣州, 홍콩香港 등지로 퍼져 나갔다.

베이징에서도 상하이 노동자와 학생들의 투쟁에 호응하여 5만여 명의 학생들이 시위를 벌였고, 20여만 명의 민중이 국민대회를 거행했다. 당시 조양대에 다니던 류기석은 한국 유학생 대표로 몇 차례의 민중대회에 참가하여 연설을 했으며, 당일에 뿌릴 전단의 초고도 작성했다. 6월 30일에는 베이징 천안문天安門에서 10여만 명이 모인 가운데 개최된 국민대회에 참가해 장시간에 걸쳐 연설을 했다. 연설은 관중들에게 깊은 감명을 주었는데, 그 내용은 한국 민중은 중국 민중의 반제투쟁을 결연하게 지지한다는 것, 한·중 양국 민중의 자유와 행복을 쟁취하기 위해 피 흘려 싸워야 한다는 것, 일본 제국주의는 동방 피압박민족의 공동의 적으로 피압박민족이 단결하여 끝까지 투쟁하면 최후의 승리를 얻을 수 있다는 것 등이었다.

그리고 류기석은 한교동지회韓僑同志會와 고려학생회高麗學生會(북경고려유학생회–필자 주)의 주최로 1926년 3월 1일 오후 2시부터 5시까지 베이징대 제2원院에서 열린 독립선언기념회에도 참가했다. 이 집회는 92명이 참석한 가운데 한교동지회 간부인 조일운趙一雲의 사회로 진행되었는데, 이 자리에서 류기석은 감상담을 발표했다. 한교동지회는 1924년 이호영李護榮, 신숙申肅, 최용덕崔用德 등이 베이징에서 결성한 단체로, 기관지 『도보導報』를 간행하는 등의 활동을 전개했다.

이외에도 1926년에 심용해, 정래동丁來東, 오남기吳南基, 중국인 정모鄭某 등과 함께 크로폿킨 연구 모임을 만들어 팡웨이아이方未艾라는 익명으로 베이징 중앙우체국의 사서함을 통해서 각국 아나키스트단체와 연락을 취하고 간행물을 교환하는 등의 선전공작을 전개했다.

류기석은 국내에 아나키즘을 선전하기 위해 국내 잡지에 글을 기고하기도 했다. 그는 1925년 2월부터 6월까지 국내 기독교 주간지 『기독신보基督申報』에 「묵자와 기독」이라는 제목의 글을 발표했다. 그는 이 글에서 "묵자는 '겸상애교상리兼相愛交相利' 여섯 자를 늘 말했는데, 겸상애兼相愛는 즉 그리스도의 애인주의愛人主義니, 교상리交相利는 크로폿킨의 호조주의互助主義이다. 그리하여 묵자는 그리스도의 애인주의로 기其 근본사상을 작作하고, 크로폿킨의 과학적 유물관으로 실행방침을 삼은 것이다"라고 하여 아나키즘을 묵가사상과 연관시켜서 설명했다.

1926년에는 소비에트러시아를 비판하고 아나키즘을 선전하는 글을 국내 잡지에 발표했다. 그는 『신민新民』 8호부터 거의 매 호마다 러시아

혁명과 신경제정책에 대한 전론專論을 발표하여 이를 비판했다. 그 내용은 러시아 10월혁명은 소자산계급 정당인 볼셰비키파의 혁명에 불과할 뿐 진정한 사회주의혁명은 1921년의 크론시타트폭동이며, 레닌 정부의 신경제정책을 자본주의연명책에 불과한 적색제국주의로 규정하는 것이었다. 그리고 프롤레타리아 독재는 공산당 간부들이 자신들의 권력욕을 채우기 위해 내세운 술책에 불과하다는 내용도 담고 있었다. 류기석이 『신민』에 발표한 글들의 목록은 다음과 같다.

『新民(신민)』 제24호 4월호

柳基石, 「노농 露西亞의 신경제정책」, 『신민』 제8호(1925. 12. 10.)(톈진에서 기고)

柳絮, 「칼 맑스의 無産專政」, 『신민』 제10호(1926. 2. 1.)

柳絮, 「露國 혁명의 경로와 그 장래」, 『신민』 제11호(1926. 3. 1.)

柳絮, 「적색제국주의」, 『신민』 제12호(1926. 4. 1.)

柳絮 역, 「뽈쉬빅키의 계급성」, 『신민』 제13호(1926. 5. 1.)

柳絮 역, 「무산계급 전제의 쏘벳트」, 『신민』 제15호(1926. 7. 1.)

柳絮 역, 「쏘비엣트 露西亞와 조선○○운동」, 『신민』 제16호(1926. 8. 1.)

柳絮, 「露西亞와 약소 민족」, 『신민』 제18호(1926. 10. 1.)

靑園生,「露西亞 제3혁명-크론스타트폭동」,『신민』 제27호(1927. 7)

(1926년 8월 28일 타이위안太原에서 기고)

혁명근거지 건설운동을 전개하다

각종 잡지와 집회를 통해 아나키즘을 선전하던 류기석은 경제적 사정으로 2학년 말부터 조양대를 다니지 않았다. 3학년이 되던 1926년에 학적을 정리하고, 그해 5월 안창남安昌男과 함께 산시성山西省 타이위안으로 갔다. 옌시산閻錫山의 타이위안비행학교에 들어가서 비행술을 익히기 위해서였다.

안창남은 1918년에 일본으로 건너가 1920년에 오구리小栗비행학교를 석 달만에 졸업했으며, 1921년에는 민간항공대회에서 2등으로 입상하기도 했다. 1922년 말에 '안창남군 고국방문후원회'의 주선으로 서울 상공에서 시범비행을 성공리에 마쳐 조국 동포의 열렬한 환영을 받았다. 그는 1923년 관동대지진 이후 자신의 비행술을 독립운동에 바치기로 하고, 중국 상하이로 망명하기로 결심했다. 1925년 여운형을 방문한 안창남은 그로부터 청화대清華大 총장 차오윈샹曹雲祥을 소개받았고, 차오

안창남 고국 방문 남대문역 앞 환영 인파(1922)

윈샹은 안창남에게 옌시산의 타이위안비행학교 교관직을 주선했다. 안정근安定根의 소개를 통해 안창남을 알게 된 류기석도 타이위안 행에 동참했다. 비행학교에서 안창남은 비행교관을 맡고, 류기석은 통역을 담당했다.

1926년 말, 안창남과 함께 여러 차례 탑승하는 등 비행술을 열심히 익히고 있던 류기석에게 심용해로부터 연락이 왔다. 안창호가 지린으로 가고자 하는데, 류기석과 동행했으면 한다는 것이었다. 안창호는 만주에서 민족유일당운동을 전개하려고 했다. 임시정부가 유명무실해지자 안창호는 1926년 7월 8일 상하이 삼일당에서 행한 연설에서 민족해방운동 세력이 여러 이념으로 분열되어 있는 상황을 지적하고, 더불어 개인의 사리私利에 부치지 말고 민족혁명을 해야겠다는 각오를 가지고 대혁명적 조직을 성립한 후에 일치적 행동을 취해야 한다고 역설했다. 즉 민족 당면의 최대과제는 조국의 독립인만큼 전 민족의 힘을 하나로 모아 일단 독립부터 쟁취해야 하고, 그러기 위해서는 주장이 다르다고 서로 다투지 말고 이념을 떠나서 먼저 민족유일당을 건설해야 한다고 강조했다.

안창호의 민족유일당 건설 제창은 당시 민족해방운동계에 커다란 반향을 불러 일으켰다. 각지에서는 민족유일당운동이 전개되었다. 안창호는 1926년 9월 "민족혁명의 유일 전선을 작作하라"는 구호를 내걸고, 대독립당 북경촉성회를 결성했다. 대독립당 북경촉성회 결성에 참가한 사람들은 우선 지방별로 촉성회를 설립한 뒤, 그 대표들이 유일당 결성을 추진하기로 합의했다.

안창호는 만주에서 촉성회 결성을 추진하고자 하였고, 만주 지리에 밝은 류기석이 자신과 동행하기를 바랐다. 안창호의 요청을 받은 류기석은 1926년 말 비행학교에 휴가를 내고 베이징으로 갔으며, 1927년 1월 안창호를 수행하여 만주로 갔다. 만주로 가는 도중에 토지개혁 방안과 정당의 조직 원칙 등에 대해 안창호와 토론했다. 폭력혁명에 대해서도 토론을 했는데, 안창호는 언젠가는 반드시 폭력행동을 취할 것을 공개적으로 선포할 것이지만, 아직 상응할 준비가 되지 않았기 때문에 맹목적인 모험행위를 취할 수 없다고 했다. 안창호는 폭력혁명의 구체 방안에 대해 묻는 류기석에게 폭력혁명 방안에는 소극적인 것과 적극적인 것 두 가지가 있는데, 소극적인 것은 혁명가에 대한 적의 잔혹한 압

한국유일독립당 촉성회 결성 당시의 안창호(1920년대 후반)

살 정책을 저지하기 위한 것으로 폭력에는 폭력으로 대응하는 방식이요, 적극적인 것은 인격과 물력을 준비하는 것으로, 수백 명의 결사대를 양성해서 희생을 무릅쓰고 10년을 하루같이 파괴행동을 계속하면 적이 물러갈 것이라고 설파했다.

류기석은 적극적인 방안에 동의하면서 안창호에게 이를 실천할 것을 종용했다. 흥사단에는 3만여 달러의 기금과 수만 달러에 달하는 단원의 자금이 저축되어 있는 데다가 중국에서 수십 명의 결사대를 뽑는 것도 어렵지 않으므로, 이러한 자원을 활용하면 당장 행동에 옮길 수 있다는 것이었다. 하지만 안창호는 지금은 행동할 때가 아니며, 흥사단의 기금 또한 유용할 수 없다며 난색을 표했다. 이 토론을 통해 류기석은 안창호의 폭력혁명 방법론이 자신과는 다름을 파악하고, 차츰 안창호와 거리를 두기 시작했다. 나중에 상하이로 돌아간 뒤에도 여러 차례 만났으나 두 사람은 결국 의견의 일치를 보지 못하고 각자의 길을 가기로 했다.

지린에 도착한 안창호는 여러 방면의 독립운동가들과 회합하면서 민족유일당을 건설하기 위한 작업을 추진했다. 교민들은 설날 저녁에 정미소에서 축하 파티를 열었다. 축하 파티에서는 3·1운동을 주제로 하는 연극을 공연했는데, 류기석이 감독을 맡았다. 축하 파티가 끝난 뒤 교민들은 안창호에게 독립운동의 전망에 대해 강연해줄 것을 요청했다. 이

요청에 따라 안창호는 정세와 임무에 대해 연설했다. 그는 우선 국내외의 정세를 설명한 후, 친일파와 타협적 민족주의자들이 제창하고 있던 자치론의 허구를 조목조목 밝히면서 독립운동은 현 단계에서 한국 민중의 하나밖에 없는 명확한 노선임을 강조했다. 그리고 견결堅決하게 적과 투쟁해야만 철저한 민족독립을 쟁취할 수 있다고 역설했다.

그런데 연설 도중 중국과 일본의 헌병과 경찰이 습격했다. 일제는 지린에 모여 독립운동을 도모하고 있던 한국 독립운동 수뇌들을 일망타진하기 위해 중국 경찰을 앞세워 1927년 2월 14일 대동공사大同公司를 습격하여 안창호 등 124명을 체포하고, 이어서 길원정미소吉源精米所, 삼풍공사三豊公司 외 두세 곳을 습격하여 50여 명을 체포했다. 이것이 바로 '지린사건'이다. 이 사건으로 류기석(체포 당시 이름은 류길사柳吉思)을 포함해 42명이 구속되었다. 조선총독부는 이들을 인도받기 위해 중국 경찰 및 군정기관과 수차례 교섭했으나 실패했다. 지린 도독都督 장쭤상張作相은 장쉐량張學良의 비서 장윈저張雲責와 심용해 등 여러 부문 인사들의 석방을 위한 노력과 여론 악화에 밀려 한국 독립운동가들을 공개리에 일제에 넘기지 못하고 석방할 수밖에 없었다. 3월 7일 안창호 외 26명이 마지막으로 풀려났다.

이후 민족유일당운동은 중국 관내와 만주, 국내 등지에서 전개되었다. 1927년 3월 상하이에서 150여 명의 민족주의자와 공산주의자들이 참가한 가운데 한국유일독립당 상해촉성회(대표 홍남표)가 결성되었다. 이어서 5월에는 광저우에서 의열단의 주도로 170여 명이 참가한 가운데 대독립당 광동촉성회가, 7월에는 우한武漢에서 한국유일독립당 무한촉

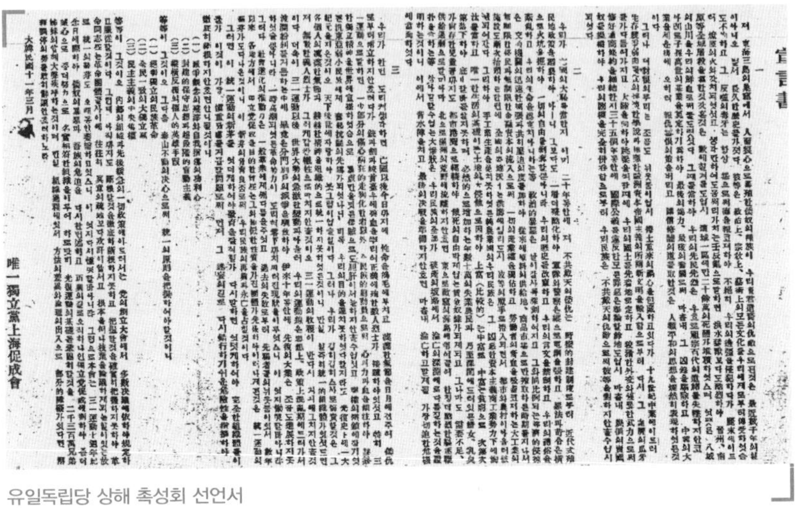

宣言書

大韓民國十一年三月

唯一獨立黨上海促成會

유일독립당 상해 촉성회 선언서

성회가, 9월에는 난징에서 한국유일독립당 남경촉성회가 각각 결성되었다. 그리고 1927년 11월에 상하이에서 이들의 연합단체로 한국독립당관내촉성연합회가 결성되었다.

만주에서도 지린사건 이후 1927년 4월 지린성 신안툰新安屯에서 개최된 정의부 제1회 대표자회의를 시작으로 하여 민족유일당을 건설하기 위한 운동이 재개되었다. 민족유일당운동에는 조선공산당 만주총국 등 좌우익 20여 개 단체가 참가했다. 1928년 5월 민족유일당 촉성회가 결성되었으나, 조직방법을 둘러싸고 분열되고 말았다. 이후에도 정의부, 참의부, 신민부를 중심으로 한 3부통합운동의 형태로 민족유일당운동이 계속되었다. 하지만 완전한 통합은 이루지 못하고 국민부와 혁신의회 결성으로 마무리되었다.

정의부 본부, 남만학원 터

국내에서는 1926년 제2차 조선공산당과 비타협적 민족주의자들 사이에서 민족통일전선적 조직을 건설하기 위한 움직임이 일어났다. 민족주의자들은 파리강화회의와 워싱턴회의 등에 민족대표를 파견하여 한국 민족의 독립을 청원했지만, 연합국의 외면으로 실패하고 말았다. 독립은 스스로의 힘으로 쟁취할 수밖에 없다는 사실을 인식한 이들은 물산장려운동과 민립대 설립운동 등 실력양성운동을 다시 전개했다. 물산장려운동은 한국 민족이 독립할 실력을 갖추기 위해서 산업이 발전해야 하는바, 한국 자본가들이 만든 물건을 한국인들이 사용해야 유치한 수준의 한국 산업이 발전할 수 있다는 논리를 내세웠다. 처음에는 많은 민중들이 물산장려운동에 호응했으나, 물산장려운동은 점차 자본가들의 배만 불리는 방향으로 흘러갔다. 민립대 설립운동은 한국 민족의 운명

신간회 전체 대회

을 개척하는 문제가 교육에 달려 있으며, 문화의 발달과 생활 향상이 고등교육기관인 대학에 달려 있다고 보고, 우리 민족의 힘으로 대학을 설립하자는 것으로, 민립대학 기성회를 설립하고 대학설립계획서를 작성하는 등의 성과를 냈다. 하지만 대학설립기금 모집이 부진한 데다가 일제의 방해공작이 더해지면서 민립대 설립운동은 실패로 끝나고 말았다.

이에 상층 민족자본가를 비롯한 일부 민족주의자들은 즉각 독립을 포기하고 일제와의 타협을 모색하면서 자치운동을 전개하기 시작했고, 일부 민족주의자들은 자치운동에 반대하여 새로운 형태의 독립운동을 모색했다. 이때 제2차 조선공산당이 비타협적 민족주의자들에게 민족유일당 건설을 제의했다. 제2차 조선공산당과 비타협적 민족주의자들이 연합전선을 형성함과 동시에 함께 6·10만세운동을 계획했다. 하지만 사전에 정보가 누설되는 바람에 제2차 조선공산당이 궤멸되었다. 이에 6·10만세운동은 학생들만의 시위로 끝났고, 민족유일당 건설운동은 일시 중지되었다. 하지만 제3차 조선공산당이 설립되면서 공산주의자와 민족주의자의 연합이 다시 시도되었고, 그 결과 1927년 2월에 신간회가 결성되었다. 신간회는 국내에 120~150여 개의 지회를 설치했으며, 일본 도쿄, 나고야名古屋, 교토京都, 오사카大阪 등지에도 지회를 설치했다.

지린사건으로 체포되었다가 풀려난 류기석은 우수리스크에 있는 집으로 갔다. 모스크바에 있는 동방노동대학에 입학하려고 했으나, 소련의 실상에 실망한 탓에 입학을 포기하고 1927년 5월에 베이징으로 돌아갔다. 류기석은 다시 미국으로 유학을 갈 계획을 세웠다. 그리하여 베이징 군벌 정부 교육부로 가서 수속을 밟아 유학증서를 받았다. 그런 뒤 상하이로 가는 여비를 마련하고, 출국 여권까지 신청했지만, 미국 유학에 적극적이지는 않았다. 진로를 놓고 방황하고 있을 때, 이정규로부터 취안저우泉州 농민자위운동에 참가해달라는 요청을 받았다.

류기석은 미국 유학을 포기하고 7, 8월 무렵에 상하이로 갔다. 하지만 이정규는 이미 6월 말에 샤먼廈門으로 떠나고 없었다. 상하이에서 아나키스트들을 만나 농민자위운동에 대한 대강을 듣고 그들과 상의한 끝에 1927년 8월에 샤먼으로 떠나는 여정에 오르기로 했다. 안창호의 만류에도 불구하고 흥사단을 탈퇴한 류기석은 샤먼으로 가서 농민자위운동에 합류했다. 농민자위운동은 취안저우, 융춘永春 지역에 혁명근거지를 건설하고, 이를 아나키스트운동의 기지로 삼는 것이 목적이었다.

재중국 한국인 아나키스트들의 취안저우 농민자위운동 참가는 1927년 6월 하순 량룽광梁龍光과 친왕산秦望山이 상하이로 이정규를 찾아온 데서 비롯되었다. 량룽광과 친왕산은 자신들이 취안저우에 진장현晉江縣 선전원양성소宣傳員養成所를 설립한 뒤 중학 출신 학생 200명을 뽑아 놓고 교육을 시작했지만, 토비土匪와 해군 육전대陸戰隊의 횡포로 취안저우에서 물러나 샤먼항廈門港 시외에 임시 피난처를 마련하고 대책을 수립하고 있는 중이라고 하면서, 학생들에 대한 교육을 어떻게 할 것인가 하는 문제와 농촌운동을 어떻게 이끌어나갈 것인가 하는 문제에 대해 상의했다.

당시 상하이에서는 난징 정부가 공산주의자들을 숙청하고 이들을 대신해 노동조직을 이끌어나갈 노동단체의 간부를 양성할 목적으로 노동대학 설립을 서두르고 있었다. 노동대학 설립에는 중국의 원로 아나키스트 우즈후이, 리스청, 장징장張靜江, 차이위안페이, 우커강吳克剛, 선중주沈仲九 등이 주도적으로 참여하고 있었으며, 이정규, 이을규 등 재중국 한국인 아나키스트들과 일본 아나키스트 이와사 사쿠타로岩佐作太郎 등도 관계하고 있었다. 하지만 노동대학 설립을 둘러싸고 많은 논란이 있었다. 중국 아나키스트 내부에서조차 상하이노동대학 설립에 참가한다는 것은 곧 정치권력과의 타협을 의미하는 것이라고 하면서 참가에 반대하는 의견이 제기되고 있었다.

그러한 상황에서 친왕산과 량룽광 등이 상하이로 와서 이정규 등에게 취안저우를 중심으로 한 농민자위조직 건설에 동참할 것을 제의했다. 이 제의에 대해 이정규, 이을규, 우커강, 이와사 사쿠타로, 량룽광 등

농민 자위운동에 참여한 무정부주의자들

5인이 모여 토의했다. 그 결과 이정규와 량룽광이 농민자위운동을 책임지고 진행하기로 했다. 이정규는 인선人選에 들어가 훈련 담당에 이기환, 학과 담당에 류기석을 선정하고, 6월 말에 량룽광, 친왕산 등과 함께 먼저 샤먼으로 떠났다. 선전원양성소는 샤먼 다퉁大同부두 부근에 개설되어 있었다.

이정규는 7월 1일부터 선전원양성소에서 강의를 시작했다. 이기환에 이어 늦게 도착한 류기석은 신경제학·사회학·봉건사회 및 자본주의사회 해부 등의 강의를 맡았다. 교재가 없었던 탓에 류기석은 크로폿킨의 학설 개요에 기초해 가르쳤다. 선전원양성소는 친왕산이 설립했으나 그가 바쁜 관계로 많이 관여하지 못하고, 주로 교무주임인 이정규가 주관했다. 이외에 이을규, 량룽광, 이기환, 리량룽李良榮, 류기석 등이 선전원양성소 운영의 중심인물이었다.

혁명근거지 건설사업은 첫 번째 단계 핵심 양성, 두 번째 단계 민단 조직, 세 번째 단계 토비土匪 제거, 네 번째 단계 신농촌 건설의 순서로 진행될 예정이었다. 학생들은 6개월간의 훈련 과정을 마친 후 민간 자위단의 하급 간부를 맡기로 되어 있었다. 선전원양성소의 학사 일정은 중간에 조정되었다. 9월 말까지 강의를 마치고, 10월에는 농촌에서 실지 활동을 하기로 변경한 것이다.

수료기가 끝나가면서 취안저우로 돌아가는 문제가 제기되었다. 하지만 당시는 장제스蔣介石의 반공쿠데타가 일어난 직후라 중국의 정황은 매우 혼란스러웠다. 9월 하순 친왕산은 푸저우福州와 난징의 정국을 시찰하기 위해 쉬줘란許卓然, 다이진화이戴金華 등과 함께 난징으로 떠났다. 그런데 난징에서 국민당 중앙당부가 친왕산에게 푸젠성福建省 당화교육훈련소黨化教育訓練所를 맡아달라는 제의를 해왔다. 당화교육훈련소는 국민당 정부가 반공쿠데타 후 숙청을 단행하고, 중등 교원을 재훈련·재교육하기 위해 각 성에 설치한 기관이었다. 토의한 결과 이 제의를 받아들이기로 하고, 소장에 친왕산, 정치주임에 이정규, 훈련주임에 리량룽, 교수부주임에 류기석, 그리고 학생대장에 이기환 등을 선정하고, 푸저우로 옮겨갔다.

하지만 푸저우에 주둔하던 천밍수陳銘樞의 제11군이 광둥廣東으로 귀환하면서 사정이 급변했다. 천밍수의 제11군은 광둥으로 돌아가는 도중 민난閩南을 거칠 예정이었다. 선봉대였던 제5사단의 사단장 차이팅카이蔡廷楷가 친왕산에게 자신들이 점령한 지역에 대한 정지작업을 해줄 것을 요청했던 것이다. 이에 한·중 아나키스트들은 민난25현縣민단편련처民團編練處라는 기치를 내걸고 차이팅카이의 군대를 따라 취안저우에 입성했다. 당시 취안저우의 행정은 토비와 토호들이 장악하고 있었으나, 차이팅카이의 군대가 친왕산의 계략으로 이들을 물리쳤다. 이후 천밍수의 제11군은 광둥으로 갔다.

민단편련처는 11월에 개청식을 거행했다. 하지만 푸젠성 정부의 요청에 따라 관할 지역을 취안저우, 융춘 중심의 11현으로 축소했고, 명칭도 천영이속민단편련처泉永二屬民團編練處로 개칭했다. 친왕산이 성정부省政府 군사청軍事廳 특파원 자격으로 본부 위원장에 임명되었다. 그리고 비서장에는 이정규, 비서에는 장루치엔張履謙이 임명되었다. 그 밖에도 문서계장에 정수준鄭樞俊, 총무부에 정진르鄭今日·이을규(회계 담당), 조직연락부에 어우양젠핑歐陽健平·판톈준范天均, 선전교육부에 류기석·량룽광·장첸디張謙第·장종런姜種仁, 훈련지도부에 천춘페이陳春培·이기환·류지청 등이 배치되었고, 천준링陳君冷과 리량룽은 과장직을 맡았다. 하급 간부는 선전원양성소 제1기 졸업생들이 맡았다.

친왕산, 량룽광, 이정규, 류기석 등은 취안저우에 있는 토비와 토호 등 난동분자를 숙청하는 문제에 대해 차이팅카이와 토의했다. 한편으로는 중국 농촌의 장점을 최대한 살려 농민의 자주, 자치, 협동노작協同勞作, 협동자위를 실시하기로 방침을 세우고, 그 방침 아래 선전원양성소에서 훈련받은 청년들을 지방 곳곳에 파견해 중견 청장년들의 훈련을 맡도록 하며, 군중들에게 농민을 조직할 것을 선전하여 민단을 조직한다는 계획을 세웠다.

민단편련처는 각 지방을 조직하는 한편, 마흐노전법 훈련을 시작하는 등 무장투쟁 본거지를 건설하기 위한 활동을 전개했다. 하지만 민단이 만들어지지 못해 민단편련처는 제구실을 못 하고 유명무실한 기구가 되고 말았다. 그러한 상태에서 제11군이 남하하자, 토비와 토호의 공격이 재개되어 결국 물러날 수밖에 없었다. 취안저우에서 철수한 뒤 황산黃山에 근거지를 건설하기로 계획을 세웠다. 그런 뒤 일부는 샤먼을 거쳐 황산으로 가기로 하고, 일부는 곧장 황산으로 갔다.

연락 임무를 맡은 류기석은 퉁안同安으로 가서 샤먼으로 갔던 사람들과 합류해 황산으로 가고자 했다. 하지만 퉁안은 이미 토비들이 점령하고 있었다. 이에 류기석은 서둘러 샤먼으로 갔다. 황산의 사정 역시 여의치 않아 다들 취안저우로 되돌아갔다. 남양南洋 화교의 지원마저 끊기면서 극심한 자금난까지 겹치자, 1928년 2월 중순 이후 민단편련처의 거의 모든 활동이 중지되고 말았다. 결국 천영이속민단편련처는 그 깃발을 내릴 수밖에 없었다.

류기석은 이기환과 함께 상하이로 떠나기로 했지만 여비가 부족했던 탓에 류기석이 먼저 떠났다. 그런데 뒤에 남겨진 이기환이 샤먼 중국 경찰의 방관하에 일본 경찰에 체포되었다. 이에 항의하는 중국 노동자들의 파업과 취안저우 시민들의 대규모 시위가 이어졌다. 취안저우에서는 반일회反日會가 조직되어 이기환 구출작전을 적극적으로 전개했다. 하지만 성정부省政府가 일본의 협박에 굴복하면서 이기환 구출운동은 실패하고 말았다.

1928년 2월 상하이로 간 류기석은 동방무정부주의자연맹과 재중국조선무정부공산주의자연맹 상해지부 결성에 관계했다. 하지만 그해 10월 아카가와 게이라이赤川啓來(친시통秦希同)와 시라야마 히데오白山秀雄 등의 공갈사건으로 이정규가 체포되자, 일본 경찰의 탄압을 피해 난창南昌으로 떠났다. 1928년 가을에는 난창의 중국 국민당 성省당부에서 일했다. 하지만 관련 증명서를 제출하지 못해 면직되고 말았다.

1929년 봄, 난징으로 가서 수개월 동안 『동남일보東南日報』의 문화면 편집을 맡았다. 하지만 『동남일보』가 난징 경비사령부에 의해 폐쇄되는 바람에 또다시 실직했다. 그리하여 그는 1929년 여름, 톈진으로 갔다. 톈진에서 류기석은 허베이河北 지역에 민족해방운동기지를 건설하는 활동을 전개했다.

허베이 지역 민족해방운동기지 건설사업은 류기석이 전개한 두 번째의 혁명근거지 건설운동이다. 류기석은 중국 동북지역에 사는 한국인 농민들을 산하이관山海關으로 이주시켜 허베이 지역에 있는 황무지를 개간하는 한편, 군사를 양성하여 이들을 항일유격대로 만들고, 시기가 무르익으면 국내로 진격한다는 계획을 세웠다. 그는 이 계획을 실행에 옮기기 위해 차이위안페이를 찾아가 조언을 구했다. 차이위안페이는 농광부農鑛部의 이페이지易培基 장관을 통해 톈진 부근의 바이하白河와 피아오하漂河 양안의 국유지와 황무지를 불하받을 수 있도록 허베이성河北省 정부와의 교섭을 주선해주었다. 하지만 불하 수속은 지지부진하게 진행되었다. 이에 류기석은 남개대南開大 총장 장보링張伯苓을 찾아가 수속을 재촉하는 내용의 편지를 써줄 것을 부탁했다. 장보링은 불하 과정에 소요되는 비용과 사례금을 관리들에게 주어야만 성공적으로 불하받을 수 있을 것이라고 충고해주었다.

자금이 없었던 류기석은 불하 수속을 잠시 미루고, 생계문제를 해결하기 위해 장보링의 소개로 톈진의 『익세보益世報』를 찾아가 사장을 면담했다. 『익세보』 사장이 채용 의사를 밝히지 않음에 따라 안양생安陽生의 소개로 왕러우빙王鏤氷을 찾아갔다. 왕러우빙은 류기석에게 자신이 사장으로 있던 『톈진상보天津商報』의 주필을 맡겼다. 하지만 노동자를 동정하는 입장에서 톈진의 방직공장 노동자들의 파업을 논평한 사론社論을 둘러싸고 사장과 의견이 충돌하는 바람에 십여 일만에 사직하고 말았다. 이후 류기석은 곧바로 베이징으로 갔다.

베이징에서 심용해를 만난 류기석은 민족해방운동기지 건설을 위한 자금을 마련하는 것에 대해 그와 상의했다. 그들은 만주로 가서 자금을 마련하기로 하고, 1929년 가을에 지린으로 갔다. 룽징에 도착한 류기석은 아버지의 친구인 이익성李益聖의 소개로 한국인 자본가 5, 6명을 만나 그들에게 출자를 권유했다. 하지만 이들은 자금 융통이 여의치 않다면서 후일을 기약하고자 했고, 자금 마련은 결국 실패하고 말았다. 이로써 류기석의 민족해방운동기지 건설운동은 좌절되고 말았다. 심용해는 옌볜에 남고 류기석 혼자 베이징으로 가기로 했다. 류기석은 베이징으로 가던 도중에 잠시 선양瀋陽에 머물렀다. 그곳에서 일본 경찰의 마수에 걸릴 뻔했지만 가까스로 탈출에 성공해 무사히 베이징으로 갔다.

테러적 직접행동을 민족해방운동의 수단으로 채택하다

류기석은 취안저우 농민자위운동이 좌절되자 취안저우에서 상하이로 가서 재중국조선무정부공산주의자연맹에 관계했다. 재중국조선무정부공산주의자연맹은 1927년 10월에 발기되었지만, 정확한 결성 일자는 알려져 있지 않다. 대략 1927년 말 내지 1928년 초에 베이징에서 결성되었던 것으로 추측될 뿐이다. 재중국조선무정부공산주의자연맹 결성을 주도한 세력 역시 확실하게 밝혀지지는 않았지만, 베이징에 있던 류기석 계통의 아나키스트들이었던 것으로 보인다. 자료에 따라서는 류기석을 재중국조선무정부공산주의자연맹의 창립 멤버로 기록해둔 것이 있기도 하지만 이는 잘못으로 보인다. 재중국조선무정부공산주의자연맹 결성 당시 류기석은 취안저우에 있었기에 재중국조선무정부공산주의자연맹 결성에 직접 참가하기는 어려운 상황이었기 때문이다.

류기석은 재중국조선무정부공산주의자연맹에 합류해 활동하면서

1928년 3월 한일원, 윤호연 등과 함께 프랑스조계 리메이로李梅路 허핑방和平坊 화광의원華光醫院에서 재중국조선무정부공산주의자연맹 상해지부(통칭 상해연맹)를 결성했다. 그리고 이 자리에서 각 지역 대표와 함께 서면으로 온 모든 의견을 토의·종합하여 재중국조선무정부공산주의자연맹 강령을 약정했던 것으로 보인다. 재중국조선무정부공산주의자연맹은 강령을 통해 일체의 정치운동에 반대하고, 일체의 중앙집권적 조직을 부정하며 자유연합의 원칙에 의해 운영되는 조직을 주장했다. 그리고 운동은 직접선전과 폭력적 직접행동 등의 직접방법으로 할 것을 천명하는 등 테러적 직접행동론을 방법론으로 제시했다.

테러적 직접행동론은 혁명근거지 건설론과 함께 재중국 한국인 아나키스트들이 취했던 대표적인 방법론 중의 하나로, 테러 등 직접행동을 통해 민중들에게 아나키즘을 선전하고 그들을 각성시켜 폭동·봉기·총파업 등에 동참하게 하여 사회혁명을 완수한다는 주장이다. 재중국 한국인 아나키스트들은 1910년대 말부터 테러라는 수단을 통해 아나키즘을 선전하고 민중들을 각성시켜 그들로 하여금 폭동·봉기·총파업 등을 일으키도록 하고, 그것을 통해 일본 제국주의를 타도하고 아나키스트 사회를 건설하고자 했다. 직접행동이 곧 테러인 것은 결코 아니지만, 폭동·봉기·총파업 등의 실력행사나 무력행동이 거의 불가능한 상태에서 재중국 한국인 아나키스트들이 취할 수 있었던 것은 테러였다. 테러적 직접행동론은 1930년대 후반 민족전선론이 제기될 때까지 재중국 한국인 아나키스트들에게 가장 주요한 방법론이었다. 테러적 직접행동론을 민족해방운동의 방법론으로 체계화시킨 것이 바로 신채호의 〈조선혁명

萬人이다奪還한모든自由의主人이되자!

THE CONQUEST

奪還

創刊號 增刊

一九二八年六月十五日發行

모든때앗긴自由를奪還하자!

「奪還」의 첫소리

又觀

(一)

우리는死活의岐路에선사람들이다. 곳死滅이냐 [illegible] 살면서드냐의 [illegible] 이구분우리는, 오히려더살아보랴발버둥질을친다. 그러면엇더한살方途가잇슬가? 잇다면 [illegible] 한것이라야한다. 天不生 [illegible] 之人이라는等의어름더듬하는수작에는너모도속아서진저리가난다. 그러나俗諺에하날이무너저도소사나갈구녁은잇다고하더니, 이와갓치死滅의 [illegible] 에선우리에게도, 살方途가잇다. 即오직「奪還」의한길이잇다—「되찾기」의한길뿐이다.

이奪還은 [illegible] 的行動이나理論은안이다. 이것은한人間性의發揚이며生의原理이다.

(二)

우리人間은 [illegible] 系統을가진有機體이다. 그럼으로人間은 [illegible] 目的인것과갓치 [illegible] 的이다. 따라서 [illegible] 할때그 [illegible] 을살피며 그못할것을 [illegible] 하고, [illegible] 에그充 [illegible] 한方法을생각한다. 이러한 [illegible] 性이업섯드면우리人類는決코人類가現在自然界中에가지고잇는바, 이러한地位와現狀을가지지못하엿슬것이다. 이러한것은우리人類가單細胞動物로부터모든것과鬪爭하며自己의生命을扶持繁殖하는사이에, 어더온經驗으로부터成性된다이다.

[illegible] 動的임과갓치 [illegible] 的인우리다. 압흐면못참을살고, 배곱흐면먹을줄아는우리다. 우리의이러한것은生物的根性이며人間性이다, 이러한根性은人間에게서떼일수업는것이니, 떼어내인다면사람은안이다곳生物은안이다. 이와갓치우리같은人間性에서生物的本能에서奪還의 [illegible] 은소리서나온다, 가진 [illegible] ㅡ政治的, 經濟的, 宗敎的, 社會的ㅡ에다죽을매이어, 가진苦痛, [illegible], 虐待를입히며死滅의구렁으로드러가는우리의 [illegible] 사람에게, 이本能, 이人間性은참되奪還을부르지지게한다.

「탈환」 창간호

선언〉이다. 테러적 직접행동론에 입각한 테러활동을 주도한 대표적 아나키스트는 신채호, 류자명, 류기석 등이었다.

류기석은 재중국조선무정부공산주의자연맹의 기관지 『탈환』의 발간을 주도하는 등 아나키즘 선전활동을 적극적으로 전개했다. 재중국조선무정부공산주의자연맹은 1928년 5월 1일 메이데이를 기념하는 특집으로 『탈환』이라는 제목의 소책자를 발행해 메이데이와 아나코코뮤니

즘Anarchocommunism에 대해 소개했다. 그리고 『탈환』을 통해 자본주의와 공산주의 모두를 부정하면서, 생산자 자치를 위주로 하는 자유평등원리상에 기초한 신사회로써 자본주의 사회를 대신할 것을 주장했다. 『탈환』은 상하이에서 중·한·일 3개국 언어로 발간되어 만주, 한국, 일본, 중국 관내, 대만 등 각지에 널리 배포되었다. 『탈환』은 1928년 6월 1일에 창간되어 1929년 5월 1일 6호까지 거의 격월로 발행되었지만, 이후 자금 부족으로 간행이 중지되었다. 1930년 1월 1일에 인성학교 교장 김두봉의 도움으로 7호가 간행된 뒤 14호까지 간행되었으나, 계속되는 자금난으로 14호를 끝으로 간행이 중단되고 말았다. 재중국조선무정부공산주의자연맹은 『탈환』 이외에도 수시로 아나키즘 관련 문헌과 소책자를 간행하여 국내외의 동지들에게 발송했다.

상해연맹은 반공산주의 선전활동에 나섰다. 당시 공산주의 계열의 재중국본부한인청년동맹(조선청년총동맹의 중국 지부) 상해지부는 독립유일당운동을 적극적으로 전개하고 있었다. 재중국본부한인청년동맹은 광동혁명청년회, 무창혁명청년회, 북경한인청년회, 상해한인청년회 등의 대표들이 민족유일전선을 구축하기 위해 결성한 청년운동단체로, 1927년 11월 8일 중국 상하이에서 창립대회를 개최했다. 창립대회에서는 한국 청년운동의 총본영인 조선청년총동맹(1924년 4월 서울에서 결성된 공산주의 청년운동단체)의 1지대支隊로서의 임무를 수행할 것을 결의했다. 그리고 한국 독립과 세계 혁명이론 및 실질적인 전술 수립을 꾀한다는 내용의 강령을 채택했다.

재중국본부한인청년동맹 상해지부가 독립유일당운동을 주도하고 나서자, 민족통일전선 결성에 대해 부정적 입장을 가지고 있던 재중국 한국인 아나키스트들은 즉각 재중국본부한인청년동맹 상해지부를 비난하고 나섰다. 아나키스트들은 민족주의자들의 혁명성을 부정하면서 그들과의 연합전선 결성을 주장하는 공산주의자들까지 비판했다.

상해연맹은 1928년 7월 9일 〈상하이 교민에게 격檄한다〉라는 제목의 격문을 발표하여 재중국본부한인청년동맹 상해지부 내의 파벌투쟁을 비판하면서, 공산주의자들을 종파투쟁만 일삼는 무리로 매도했다. 이에 대해 재중국본부한인청년동맹 상해지부 집행위원회가 7월 16일 〈재중국무정부주의자연맹(재중국조선무정부공산주의자연맹-필자 주) 상해부로부터 「상하이 교민에 격한다」라는 글文에 대해서〉라는 제목의 성명서를 발표하여 아나키스트들의 주장에 반박하자, 재중국조선무정부공산주의자연맹은 1928년 8월 19일 〈신자치파인 공산당을 주토誅討한다〉는 제목의 글을 발표하여 공산주의자들을 다시 비판했다. 이러한 활동의 중심에는 류기석이 있었다.

아나키스트 문예론을 제창하다

류기석은 아나키즘적 입장에서 문예론을 정립했다. 그는 1926년에 「크로폿킨의 문예관」(『동광 東光』 제5호)을 통해 아나키스트 문예론을 소개한 적이 있었는데, 1928년부터는 중국의 문예논쟁에 참가해 자신의 문예관을 피력했다.

중국에서는 1927년 후반부터 장제스의 반공쿠데타에 반대하는 문학인들이 대거 상하이로 몰려들었다. 1928년 초 상하이의 문학인들은 크게 네 부류로 나뉘었다. 첫째는 루쉰 중심의 어사파語絲派로, 이들은 문학의 독자성과 사상의 자유를 주장했다. 둘째는 창조사創造社와 태양사太陽社로, 이들은 문학은 프롤레타리아혁명의 도구로 활용되어야 하며, 정치에 예속되어야 한다고 주장했다. 셋째는 구미 유학생들의 모임인 신월파新月派로, 이들은 문학을 정치 문제에 연관시키거나 프로문학을 제창하는 것을 배척하고, 순수하게 문학운동만을 전개했다. 넷째는 어떠한 문학단체에도 가입하지 않고 독자적으로 창작활동을 벌이던 자들이다.

1927년 청팡우成仿吾의 "우리의 매질媒質을 공농대중工農大衆의 용어에 접근시키고, 우리는 공농대중을 대상으로 해야 한다"는(「문학혁명에서 혁명문학으로」『창조 월간創造月刊』 제9기) 주장을 시발로 하여 문예논쟁이 벌어졌다. 먼저 창조사와 태양사가 혁명문학의 창작방법과 문학의 대중화 문제를 둘러싸고 논쟁을 벌였다. 루쉰이 혁명문학에 대해 다소 비판적인 태도를 표명하자, 창조사와 태양사 동인들은 루쉰을 반혁명적 인물로 낙인찍고 그를 비판하기 시작했다. 이에 루쉰 중심의 어사파와 창조사 간에 문예논쟁이 전개되어 1년간 이어졌다.

류기석은 1928년 봄부터 어사파와 창조사 간의 문예논쟁에 참가했다. 그는 「무산계급예술신론無産階級藝術新論」(『문화전선文化戰線』과 『중외일보』에 게재)을 통해 마르크스주의 예술론을 비판한 데 이어, 『민중일보民衆日報』의 『민간문화民間文化 주간週刊』에 「마르크스주의의 계급예술론을 검토한다檢討馬克思主義的階級藝術論」(1928. 5. 20. 탈고)을 발표하여 창조사의 한 사람인 신치제忻啓介의 「무산계급예술론無産階級藝術論」(1927. 3. 30.)을 비평했다. 이에 구인谷蔭이 「〈맑스주의의 계급예술론을 검토한다〉를 검토한다檢討〈檢討馬克思主義的階級藝術論〉」(1928. 6. 1. 탈고)을 통해 류기석을 비판하자, 류기석은 다시 「예술의 이론투쟁藝術的理論鬪爭」을 통해 구인의 비판에 반박했다.

류기석은 예술지심藝術之心을 표현하는 것은 개체의 수양이 다르기 때문에 필연적으로 차이가 있을 수밖에 없음에도 마르크스주의자들의 주장은 지방에 상관없이 천편일률적이라면서, 마르크스주의자들의 예술론은 창조적 이론을 제시할 수 없다고 비판했다. 비록 공산주의자들이 차이를 인정한다고는 하지만, 중앙집권적 조직 내에서 개성의 존재는 있을 수 없으며, 환경이 사상을 좌우한다고 주장하지만 군대식 환경에서는 개인의 창조적 자유가 존재할 수 없으며, 그러한 환경에서는 예술의 생명은 말살될 수밖에 없다는 것이다.

류기석은 「무산계급예술신론無産階級藝術新論」에서 공산주의자들이 계급예술을 제창하는 의도를 불순한 것으로 비판했다. "현세에 존재하는 모든 예술의 대부분이 자산계급의 소유이며 그를 ○(옹擁-필자 주)호하는 것이므로, 우리는 예술의 본면목本面目을 찾아내기 위하여 민중예술의 토대를 닦아놓기 위하여 계급예술을 절규하는 것이지만, 마르크스주의자들이 부르짖는 계급예술이란 오직 자기가 권력-정권을 잡기 위한 쟁권탈리爭權奪利의 투쟁적 예술에 불과할 뿐이요, 그것도 무산계급 전체의 예술이 아니요, ○(통統-필자 주)치하는 정부의 ○○黨閥의 예술이라"고 했다.

그는 예술의 본질을 바라보는 공산주의자들의 관점까지 비판했으며 공산주의자들이 마르크스의 유물사관과는 아무런 관계가 없는 예술을 유물사관의 한 부속물로 여기고 모든 사물을 유물사관에 입각해 해석하려고 한다고 비판하면서, 일체의 강권과 기만적 정치행동을 예술상에 운용하는 것을 반대했다. 그는 공산주의자들은 일체의 예술은 선전이라고 주장하면서 문예를 정치의 굴레에 속박시키고 문예의 본질을 학살하는 것으로 보았다.

그리고 공산주의자들이 무산계급예술을 "계급의 역사적 사명을 완성키 위하여 어떤 관조적觀照的 표현 태도를 취하지 않고, 즉 무산계급의 계급의식으로써 산생産生하는 일종一種 투쟁의 예술"로 규정한 것을 두고, 이는 예술의 정체를 모르는 말이라면서 일축했다. "대체 계급의 역사적 사명을 예술로써 완성할 수 있는가? 또 예술에 관조적 표현 태도를 취하지 않는다 하였으니, 표현의 힘이 없이 어찌 대중의 ○○(동정-필자 주)을 받을 수 있으며 감동을 줄 수는 있는가"라고 반문하면서, 예술을 선전수단으로 보는 공산주의자들의 예술론을 부정했다. 나아가 그는 예술을 해방시키기 위해서는 마르크스주의를 타도하지 않으면 안 된다고 역설했다.

그에 의하면, 국가자본주의를 옹호하는 마르크스주의들이 제창하는 무산계급의 예술은 자산계급의 예술과 큰 차이가 없으며, 진정한 무산계급의 예술은 본질상 마르크스주의들이 제창하는 바와 완전히 다르다. 그는 민중예술이란 이름하에 예술의 고상한 가치를 떨어뜨리려 해서는 안 되며, "선전예술만을 위주한다면 예술이란 진보되지 못하고 퇴보가 되고 만다"고 주장했다.

그는 민중예술은 생명력·체험·주관 3자의 표현임을 역설하면서 "자본주의·국가자본주의 등으로부터 하등의 속박을 받지 않고 거기서 해방되어 강렬하게 직각적 直覺的 정서로 표현하여야 혁명적 예술이 되고, 그 표현에 의하여 진정한 민중예술을 산출할 수 있다"고 강조했다. 그는 크로폿킨의 말을 빌려 예술과 노동의 체험을 결합해야 진정한 아름다운 예술을 지을 수 있다고 주장하면서 체험에 기반하지 않은 예술을 다음과 같이 비판했다.

자래自來로 예술은 체험에서 나오지 못했다. 문학가는 오직 책상에서 사회를 그렸고, 궁리로써 노동자를 그렸다. 수시로 낚시를 가지고 물가에 가서 고기를 낚아보지 않고서 어찌 책상에서 어부가 고기 낚는 그 취미를 그대로 그려낼 수 있겠는가? 수시로 공창工廠에 가서 공인工人이 되어 피땀을 흘리며 일하여 보지 않고 어찌 노동자의 고통을 여실히 묘사해낼 수 있겠는가? 체험에서 나오지 않은 예술은 공상적 예술이다.

–「무산계급예술신론」

체험해보지 않은 상태에서 어떤 사실을 묘사하면, 그 묘사는 그 사실을 있는 그대로 생생하게 표현할 수 없으며, 그것은 허구에 찬 공상적 예술에 불과할 뿐이라는 것이다.

약소민족해방운동론을 정립하다

류기석은 아나키즘에 입각한 자신의 약소민족해방운동론을 정리하여 1929년에 『약소민족의 혁명방략』(중산서점中山書店)이라는 제목의 책을 출판했다. 이 책의 제1장과 부록 중의 일부는 가마다지 요우키치鎌田恙吉에 의해 일본어로 번역되어 『흑색전선黑色戰線』 1929년 12월호와 『흑기黑旗』 1930年 1월호에 소개되기도 했다.

류기석은 『약소민족의 혁명방략』을 출판하기에 앞서 1926년에 「동아무정부주의자대연맹을 조직할 것을 주장한다」(『민종民鐘』 제16기)를 통해 동방 피압박 민족의 연대에 기반한 약소민족해방운동론을 제기한 적이 있었다. 그는 이 글에서 오스기 사카에가 동아무정부주의자대회를 개최할 것을 제창했으나 그의 사후에 흐지부지되고 말았다면서, 동아대회를 열기에 앞서 먼저 연합적 통신기관을 조직해야 성공할 수 있으며 동아시아 각국의 국제적 연대조직을 결성할 필요가 있다고 역설했다.

그는 일본 아나키스트들의 파괴운동이 매번 실패하는 것은 파괴 수단과 조직이 없기 때문임을 지적하면서 일본제국주의를 타도하기 위해서는 국제적 연대가 절실하다고 강조했다. 즉 국제적 연대를 통한다면 일본 아나키스트들은 중국 아나키스트들로부터 자신들이 필요로 하는 것들을 제공받을 수 있으며, 한국·대만 아나키스트들과도 합작하여 파괴운동에 착수할 수 있다는 것이다. 그는 동아무정부주의자연맹을 조직하고 동아대회를 소집할 것을 제창하면서, 이를 위해 다른 지역에 비해 여건이 양호한 중국에서 먼저 전국대회를 개최하여 의견을 수렴할 것을 제안했다.

이후 류기석은 자신의 민족해방운동론을 정립해나갔다. 그의 민족해방운동론은 『약소민족의 혁명방략』에 집대성되어 있다. 『약소민족의 혁명방략』의 목차는 다음과 같다.

一. 약소민족 해방의 목표

二. 식민지 혁명의 방략

A. 서언

B. 혁명이 응당 가져야 할 경향

C. 식민지 혁명당은 통치국의 노동정당과 연락을 해서는 안 된다

D. 약소민족 해방은 반드시 약소민족 스스로의 노력으로

E. 혁명적 조직

F. 조직의 원칙

G. 전략

三. 부록

동방 혁명자의 사명

일개 혁명자의 인생관

류기석은 민족혁명과 사회혁명을 동일시하고 사회혁명을 민족해방운동의 목표로 설정했다. 민족해방운동가들의 목표는 이념에 따라 달랐다. 한국은 19세기 후반 제국주의 세력의 침략 속에서 봉건사회의 모순을 극복하고 근대화를 달성해야 하는 역사적 과제를 해결해야 했다. 하지만 그 방법론을 둘러싸고 위로부터의 개혁을 통한 근대화와 밑으로부터의 개혁을 통한 근대화를 주장하는 흐름으로 각각 나뉘었고, 이 두 가지 흐름이 하나로 통합되지 못한 가운데 한국은 제국주의의 침략을 물리치지 못하고, 근대 민족국가 수립이라는 역사적 과제도 해결하지 못한 채 결국 일제에 강점되고 말았다.

일제강점기 한국 민족에게는 근대화와 함께 민족해방이라는 두 가지 과제가 동시에 주어졌다. 어떤 이들은 근대화를 지상과제로 설정하고, 근대화를 위해서는 일제의 식민지배까지 허용할 수 있다는 입장을 취했고, 또 어떤 이들은 민족해방을 우선시했다. 후자들은 먼저 민족해방이 이루어져야만 진정한 근대화가 달성될 수 있다는 생각을 바탕으로 주로 해외로 망명해 민족해방운동을 전개했다.

일제강점기 민족해방운동의 목표는 자신이 품은 이념에 따라 서로 달랐다. 1900년대 초 한국 민족을 이끈 이념은 민족주의였지만, 19세기 말부터 국내에 소개되기 시작한 사회주의가 1910년 국권상실 이후 반

제국주의 사상으로써 민족해방운동 지도이념의 하나로 수용되기 시작했다. 사회주의 수용은 처음에는 아나키즘을 중심으로 이루어졌지만, 1920년대 초 대중운동이 성장하면서 공산주의가 두각을 드러내기 시작했다. 이리하여 민족해방운동은 민족주의, 아나키즘, 공산주의 등에 의해 지도되었다.

민족주의자들은 자본주의사회의 민족국가 수립을 목표로 한 반면, 공산주의자들은 공산주의사회 건설을 목표로 했지만, 민족국가 수립을 그 과도기로 설정했다. 공산주의사회를 건설하기 위해서는 먼저 일제의 강점으로부터 해방되어야 한다는 것이다. 아나키스트들은 공산주의자들이 내건 과도기를 부정하고 곧바로 사회혁명을 통해 아나키스트사회를 건설해야 한다고 주장했다. 그러나 아나키스트들 중의 일부는 과도기적이기는 하지만 민족국가 수립의 필요성을 인정하고 민족주의자들과 합작하기도 했다.

류기석은 『약소민족의 혁명방략』에서 혁명운동의 목표를 자본주의제도의 사회를 뒤집고, 자유평등 원리에 기초하는 생산자 자치 위주의 새로운 사회로 대체하는 것으로 설정했다. 그는 어떤 사람은 민족적 견지에서 정치적 해방을 약소민족의 해방운동의 목표로 삼아야 한다고 주장하고, 또 어떤 사람은 계급적 의식상에서 사회혁명을 목표로 삼아야 한다고 주장한다면서, 타 민족의 통치에서 벗어나고자 하는 민족해방운동이 곧 민족혁명은 아니라고 다음과 같이 역설했다.

식민지 혁명운동의 제1보는 당연히 먼저 타 민족의 통치에서 벗어나는 것이다. 그래서 어떤 사람은 타 민족의 통치에서 벗어나는 독립운동을 곧 민족혁명으로 여기지만, 이러한 견해는 잘못된 것이다. 왜냐하면 피압박의 식민지 민족이 반항할 때, 그 목적은 타 민족 전체에 반항하는 것에 있지 않고, 타 민족의 통치계급에 반항하는 것에 있다. 이러한 충돌은 표면적으로 보면 민족 간의 투쟁이지만, 내용적으로는 완전히 계급성을 띠고 있는 것이다. 혁명운동의 근본목표는 인류의 자유·평등을 구하는 데 있지, 어느 한 민족의 복구운동상에 있지 않다.

–『약소민족의 혁명방략』

제국주의의 식민지 지배에 대한 약소민족의 반항은 민족과 민족 간의 대립이 아니라, 약소민족과 제국주의 국가 내 지배계급 간의 대립에 기인하는 것으로, 민족해방운동은 계급해방을 목표로 해야 하며, 새로운 계급국가 건설을 목표로 하는 민족혁명과는 다를 수밖에 없다.

그는 민족해방운동의 방도로 테러적 직접행동론을 취했다. 당시 민족해방운동계는 민족해방운동의 방법론을 둘러싸고 여러 갈래로 분열되어 있었다. 19세기 말에서 20세기 초의 한국 지식인들은 근대화라는 역사적 과제를 해결하기 위한 방도로 실력양성론에 입각해 자강운동을 전개했는데, 이들은 교육 장려와 식산흥업 등을 통해 실력을 양성하고자 했다. 하지만 1907년 정미칠조약이라고도 불리는 한일신협약韓日新協約의 체결 및 군대 해산 이후 자강운동은 위축되었고, 선실력양성론과 독립우선론으로 분열되었다. 전자는 민족국가를 건설하기 위해서는 실력양성이 우선이며, 독립할 수 있는 실력을 양성하기 위해서는 문명국, 즉 일본의 도움이라도 받아야 한다고 주장했다. 그러면서 국권회복의 방법으로 합법적 범위 내에서의 교육과 식산흥업, 조국 정신과 국가사상 고취 등을 제시했다. 이에 반해 후자는 실력양성도 중요하지만 독립이 선차적이라면서 자력에 의한 독립을 주장했다. 이들은 1910년을 전후하여 해외로 망명해 국외에 독립군 기지를 창건하고자 했다. 이 밖에도 외교적 노력에 의한 독립론도 제기되었다.

국내에서는 선실력양성론이 우세했지만, 제1차 세계대전 이후 사회개조·세계개조론이 대두한 가운데 러시아혁명과 윌슨의 민족자결주의가 영향을 끼쳐 즉각독립론이 세를 얻어갔다. 사회개조·세계개조론자들은 인류에게 사상 유례없는 커다란 재앙을 몰고 온 제1차 세계대전이 강자가 되기 위한 제국주의 국가들의 경쟁 때문에 일어난 것으로 보고, 강자가 약자를 지배하는 사회 질서와 세계 질서를 개조하여 강자와 약자가 공존하는 사회와 세계를 건설해야 한다고 주장했다. 사회개조·세계개조론적 입장에서 보면 약자인 한국 민족에게도 독립할 수 있는 자격이 주어진다.

즉각독립론이 확산되는 가운데 고종이 사망했고, 고종의 사망이 일제의 독살에 의한 것이라는 소문이 퍼졌다. 고종의 인산일에 수많은 사람이 모여들 것으로 예상하고, 이를 독립을 선언할 좋은 기회로 파악한 민족주의자들은 고종의 인산일을 기해 3·1만세시위를 계획했다. 소위 민족대표 33인은 3월 1일 태화관에 모여 독립선언서를 낭독했지만, 곧 일제 경찰에 체포되었다. 학생들이 시위에 앞장을 섰고, 시위는 농촌으로 번져나갔다. 만세시위는 곧 전국으로 확산되었고, 일부 친일파를 제외한 전 민족이 만세시위에 참가했다. 3·1운동의 결과 상해임시정부가 수립되었지만, 임시정부는 민족해방운동의 방도를 둘러싸고 외교론, 준비론, 독립전쟁론 등으로 분열되었다.

외교론은 일본과 싸우는 것은 무모한 짓이므로 연합국과의 외교를 통해 그들의 지원을 받아 독립을 달성해야 한다는 주장으로, 이승만과 김규식 등이 중심인물이다. 이들은 파리강화회의와 태평양회의 등에 민족대표를 파견해 한국 민족의 독립을 청원하는 등의 활동을 전개했지만 실패하고 말았다. 준비론은 먼저 독립을 쟁취할 실력을 갖추어야 한다는 주장으로, 그 중심에는 안창호가 있었다. 독립전쟁론은 외교적 방법이나 실력양성 등의 방법으로는 독립을 쟁취할 수 없으므로 독립군을 조직하여 전쟁을 통해 독립을 쟁취해야 한다는 주장으로, 이동휘와 신채호 등이 제창했다.

국내에서는 1920년대 초의 외교적 노력을 통한 독립운동이 실패로 돌아가자 실력양성론이 다시 대두되어 물산장려운동, 민립대 설립운동 등이 펼쳐졌다. 하지만 이마저 실패로 끝나면서 많은 민족주의자들은 자치론으로 기울기 시작했다. 일부 비타협적 민족주의자들은 자치론에 반대하며 공산주의자들과 연합하여 신간회를 결성했다. 하지만 1930년에 구성된 신간회의 신집행부가 타협적 경향으로 흐르면서 이에 반발하는 공산주의자들에 의해 신간회는 해체되고 말았다.

1920년대 초 사회주의계의 주도권을 장악한 공산주의자들은 민족주의자들의 실력양성운동과 아나키스트들이 주도하던 테러활동을 비판했다. 공산주의자들은 노동자와 농민 등을 혁명의 주력으로 보고, 그들을 조직화하는 데 주력했다. 1920년대 중반 중국 국공합작의 영향 하에 민족주의자와의 연합을 추진했고, 그 결과 민족통일전선적 조직으로 신간회를 결성했다. 하지만 1930년대부터 코민테른의 지령하에 점차 극좌적 경향을 띠기 시작하면서 민족자본가들의 혁명성을 부정하고 그들과의 연합을 파기했다. 그리고 일국일당주의의 원칙하에 해외에 있던 한국인 공산주의자들은 중국이나 일본 공산당에 가입해 활동했다.

아나키스트들은 폭력투쟁론을 제기하면서 1920년대 초부터 테러활동에 주력했다. 테러활동의 이론적 근거는 테러적 직접행동론이었다. 한국인들 사이에서 테러적 직접행동론이 민족해방운동의 방법론으로 체계화된 것은 신채호의 〈조선혁명선언〉을 통해서였는데, 이것은 아나키스트들에게는 바이블과 같은 존재였다. 일제강점기 한국인 아나키스트들은 테러적 직접행동론에 입각하여 테러활동을 적극적으로 전개했다. 1930년대부터는 정화암의 주도하에 허무주의적 테러활동도 전개되었다.

혁명근거지건설론 역시 재중국 한국인 아나키스트들이 취했던 방법론 중의 하나였다. 혁명근거지 건설론은 어느 한 지역에 아나키스트사회를 건설하고, 이를 기반으로 아나키스트사회의 영역을 점차 넓혀나가야 한다는 주장으로, 이를 제창한 사람은 이회영, 이정규, 이을규, 김종진 등이었다. 이들을 중심으로 한 일제강점기 재중국 한국인 아나키스트들의 일부는 혁명근거지 건설론에 입각하여 중국 관내와 동북부지방에서 혁명근거지를 건설하기 위한 활동을 전개했는데, 이상촌 건설운동, 농민자위운동, 민족해방운동기지 건설운동 등의 형태를 취했다. 혁명근거지 건설운동은 재중국 한국인 아나키스트들에 의해서만 전개되었다. 그것은 중국에는 군벌이 난립한 가운데 국가권력과 일제의 탄압이 직접 미치지 않는 공간이 존재했기 때문이었다. 그런 공간에서는 혁명근거지 건설이 어느 정도 가능했다. 또한 이 활동이 가능했던 데에는 중국 아나키스트들의 지원도 한몫을 했다.

테러적 직접행동론, 혁명근거지 건설론과 함께 일제강점기 한국인 아나키스트들이 취했던 대표적 방법론 중 하나인 경제적 직접행동론은 노동자의 경제적 직접행동, 즉 파업·태업·보이콧 등을 통해 자본주의와 식민지 권력을 타도할 것을 주장했다. 경제적 직접행동론은 주로 국내나 재일본 한국인 아나르코생디칼리스트들이 제창했다. 반면에 재중국 한국인 아나키스트들은 경제적 직접행동론을 취하지 않았는데, 중국에는 조직대상인 한국인 노동자들이 없었기 때문이다.

류기석은 농민자위운동 등 혁명근거지 건설운동에도 관여했지만, 1930년대 말 군사활동에 참여하기 전까지 그가 주력한 것은 테러적 직접행동론에 입각한 테러활동이었다. 1927년 1월 만주로 가는 도중에 안창호와 벌인 토론에서 폭력혁명론을 제창했던 류기석은 민중의 직접행동에 의해서만 혁명이 가능하다는 입장을 취하며 테러적 직접행동을 폭력수단으로 채택했다. 그것은 현 사회를 세세하게 분석한 결과 폭력 이외에는 별다른 방법이 없다는 결론에 이르렀기 때문이었다. 그는 총파업은 공업이 발달한 나라와 도시 중심의 지역에서 효과가 있을 뿐, 농업이 중심인 태반의 식민지에서는 총파업과 같은 경제적 직접행동으로는 최대 다수의 사람들을 가맹시켜 최대의 효과를 얻어내는 것이 어렵다면서, 경제적 직접행동론을 식민지 민족해방운동의 방법론으로 채택하는 것에 반대했다.

류기석은 식민지에서 혁명이 성공하기 위해서는 비타협적이고 철저한 방법을 취하지 않으면 안 된다고 주장했다. 그리고 식민지는 제국주의의 부의 원천으로 제국주의가 살아남는 데 꼭 필요한바, 제국주의가 식민지 지배를 쉽사리 포기하려 하지 않을 것이므로 식민지 혁명운동은 수많은 희생을 감수할 수밖에 없다고 했다.

그는 "약소민족의 직접투쟁은 제국주의의 경제정책을 공격하여 그들의 경제적 계획과 기관을 파괴하는 것이어야" 하는데, 이러한 파괴운동은 조직적이고 지속적으로 행해져야만 성공할 수 있다면서 엄정하게 선별된 단원으로 구성된 비밀적인 소단체가 직접행동을 담당해야 한다고 역설했다. 이어지는 후속행위가 없는 산만한 개인의 단독적인 직접행동으로는 혁명을 고취할 수 있을지는 몰라도 큰 효과를 보기는 어려우며 혁명을 성공으로 이끌지는 못한다는 것이었다.

그리고 테러의 계획성과 규모 또한 강조했다. 즉 직접행동은 죽음을 각오해야 하는데, 계획을 세우지 않으면 헛된 죽음이 될 수 있다는 것이다. 따라서 체계적 계획 하에 테러적 직접행동을 행해야 하고, 비교적 규모가 크게 행해야 한다는 점을 강조했다. 그는 규모가 있는 테러활동을 오랫동안 계속한다면 제국주의는 무한한 공포를 느낄 뿐 아니라, 경제적 착취에서도 유지 여부의 공황恐惶이 발생하며 이익을 얻을 기회가 없어지고, 손실이 이익에 비해 커지거나 같게 될 경우 그들은 이해관계 때문에 식민지를 포기하지 않을 수 없게 될 것으로 보았다.

류기석은 테러활동과 함께 직접행동의 하나인 폭동도 강조했다. 직접행동의 소단체를 제외한 기타 성질의 단체, 즉 농민·노동·문화 등의 단체는 혁명운동 과정에서 마땅히 민간인 속에서 그들의 공작을 수행하여 민중을 환성喚醒해서, 민중으로 하여금 직접행동의 단체에 향응響應하게 하며, 필요시에는 도끼와 괭이斧子鋤頭를 버리고 폭동에 참가하도록 해서 폭동이 확대되게 해야 한다고 역설했다.

류기석은 정치운동은 약소민족해방운동의 방법론에서 배제했다. 그에 의하면, 식민지 민족이 사회혁명을 달성하려면 먼저 독립을 해야 하는데, 제국주의 정부하에서 정당을 조직해 보통선거에 참가하는 방법으로는 독립을 쟁취할 수 없다. 식민지 내에서 전개되는 소위 정치운동은 전혀 효과를 가져오지 못하고 오히려 급진적 경향을 완화시켜 왔을 뿐이며, 비타협적이고 철저한 혁명만이 목적을 이룰 수 있고, 혁명운동만이 식민지 민족의 생로라는 것이다. 그는 보통선거에 참가하는 것을 제국주의 정부와 타협하는 것으로 간주하고, 보통선거에 참가하는 일본공산당을 의회운동자로 변질된 타락한 반혁명분자로 규정하고 이를 비판했다. 그는 식민지 혁명운동 세력은 제국주의를 비롯한 각종 강권과 직접 투쟁하고, 동맹파업이나 민중 폭동과 같은 직접행동을 실행해야 하며, 아울러 정부 혹은 고용주와 회의 혹은 타협을 하거나 약정을 체결하는 것을 거부하고, 의회제도와 정권 장악에 반대해야 한다고 역설했다.

또한 일부 민족주의자들이 전개하고 있던 자치운동에 대해서도 비판했다. 그는 식민지 민족의 자치는 제국주의의 경제이권을 완전히 보장하는 범위 내에서 윤허될 뿐이며, 자치운동을 통해 점차 독립이라는 목적을 달성할 수 있다는 것은 환상에 불과하다고 주장했다.

당시 한국인 아나키스트들은 민족통일전선에 대해서도 비판적 입장을 취했다. 물산장려운동이 실패로 끝나면서 타협적 민족주의자들이 자치운동으로 기울자 비타협적 민족주의자들은 새로운 형태의 독립운동을 모색했다. 이때 조선공산당이 비타협적 민족주의자들에게 연합을 제의했고, 1927년 2월 비타협적 민족주의자와 공산주의자들의 합작으로 신간회가 결성되었다. 이에 한국인 아나키스트들은 민족주의자들의 혁명성을 부정하면서 공산주의자들이 민족주의자들과 연합해 신간회를 결성한 것은 결국 부르주아지에게 이용당한 것에 불과하며, 민중해방에는 전혀 도움이 되지 않는다고 비판했다. 그리고 공산주의자들이 신간회 결성에 참여한 것은 신간회를 지배하여 자신의 권세욕을 충족시키고, 신간회를 정치운동의 도구로 만들어 적색 러시아의 환심을 사고, 한국을 러시아 제국주의의 식민지로 만들려고 하기 때문이라면서 신간회를 타도할 대상으로 규정했다.

류기석 역시 민족통일전선에 대해 부정적 입장을 취했다. 그는 식민지 자산계급의 타협적 태도를 지적하며 그들과의 연합을 부정했다. 식민지의 상류 계급인 자산계급은 자신의 세력과 자본을 발전시키기 위해서 제국주의와 타협하지 않을 수 없으며, 따라서 식민지의 자산계급과 민중은 결코 동일한 전선에 설 수 없다는 것이다. 그에 의하면, 식민지 자산계급은 경제상의 지위와 성취하고자 하는 특수한 심리 때문에 철저한 혁명성을 가질 수 없으며, 타협적 태도를 견지할 수밖에 없다. 그리고 국가주의의 경제 내에서 순수한 국가주의의 정치운동을 제창하면서 전민일치全民一致와 단일정당 결성 등을 고창하지만, 그것은 사기詐欺에 불과할 뿐이라는 것이다. 그들이 전민일치를 제창하며 민족 간의 반감을 선동하는 것은 반제국주의투쟁에 무산계급의 역량을 이용하기 위한 것이라고 보았다. 무산계급의 후원 없이는 식민지 자산계급이 외래의 제국주의를 타도하여 자신들이 통치하는 자본주의 왕국을 건설할 수 없기 때문이다.

그는 주의의 상이相異나 행동정책 완급의 차이, 제국주의의 분열정책 등으로 인해 여러 파벌로 나뉜 약소민족의 해방운동 세력은 서로 간의 투쟁이나 잔살殘殺을 방지하기 위해 대동단결해야 한다고 주장하는 자들이 있지만, 이들의 대동단결은 이루어내기 어려운 몽상에 불과하다고 강조했다. 그는 약소민족해방운동의 역사에서 민족의 대동단결이 성공한 예를 찾아볼 수 없다고 했다. 그것은 역사적 사실이 증명해준다면서 한국, 아일랜드, 인도 등의 경우를 예로 들었다. 프랑스의 민중들은 중산계급과 연합해 귀족계급을 타도했지만, 혁명이 성공한 이후 중산계급이 귀족계급을 대체하여 평민들을 억압하는 바람에 결국 프랑스혁명은 실패하고 말았으며, 이러한 현상은 식민지에서도 발생했다는 것이다.

1919년에 한국의 상중하 각 계급이 연합하여 독립 선언에 참가했지만, 이후 한국의 혁명당이 자산계급에게 독립운동자금을 요구하자 자산계급은 일본 경찰에게 가서 자신들의 생명과 자산을 보호해줄 것을 요청했고, 아일랜드의 독립운동 과정에서 소자산계급과 중산계급이 무산계급과는 충돌하면서도 영국 제국주의와는 서로 타협해 왔다는 것이다.

인도의 해방운동 역시 1919년부터 1922년 사이에 최고조에 달했지만 간디가 체포된 이후 지주와 농민은 이해관계의 불일치로 결국 분열했으며, 인도의 민족통일전선은 실패하고 말았다는 것이다. 이와 같은 현상은 반식민지에서도 발생했다고 하면서 중국을 예로 들었다. 5·30총파업 초기에는 별 차이 없이 각 계급들이 파업과 시위에 참가했지만, 오래 지나지 않아 매판계급은 파업이 확대되는 것을 두려워하여 전 국민의 통일전선을 포기하고 제국주의와의 타협을 개시했다는 것이다.

나아가 그는 자산계급과의 합작은 무산계급의 계급의식을 교란시킬 뿐이라는 입장을 취했다. 그러면서 식민지 민족을 진정으로 해방시키기 위해서는 자산계급과 합작해서는 안 되고, 식민지의 무산계급이 독자적으로 주관해야 한다고 역설했다.

하지만 국제적 연대는 강조했다. 기본적으로 약소민족 스스로의 힘으로 혁명의 목적을 달성해야 하지만, 경우에 따라서는 다른 세력과의 연합도 필요하다는 것이다. 연합 대상으로는 먼저 같은 제국주의 치하에 있는 약소민족들을 선정했다. 그것은 다른 제국주의 치하에 있는 약소민족들은 이해관계가 서로 다르기 때문에 동병상련의 지위에서 동정을 표할 수 있을지는 몰라도 연합하기에는 어려운 측면이 많지만, 같은 제국주의 치하의 약소민족들은 처지가 비슷하여 이해가 상충되지 않기 때문에 비교적 연합할 가능성이 높다고 판단했기 때문이다.

또 다른 연합 대상 세력으로는 제국주의 본국 내의 혁명 세력을 꼽았다. 그는 피압박 식민지 민중은 이민족의 지배계급에게 반역하는 것일 뿐 결코 이민족 전체에 반역하는 것이 아니라면서, 제국주의 본국 내의 혁명운동 세력과 연합전선을 형성해야 한다고 역설했다. 정복국 내의 혁명당은 제국주의와는 양립할 수 없는 원수지간이기 때문에, 식민지의 혁명당은 그들과 연합전선을 형성하여 제국주의를 타도해야 한다는 것이다. 제국주의를 타도하기 위해서는 내부에서의 반란과 외부로부터의 공격이 어우러져야 하는바, 내부에서는 타협적 정책을 부인하는 정복국의 혁명운동 세력이 반란을 일으키고, 외부에서는 식민지의 혁명운동 세력이 제국주의를 공격해야 한다고 하면서, 내부의 반란과 식민지의 혁명운동이 성숙하면 할수록 제국주의의 생명은 짧아진다고 주장했다.

그러나 소련, 제3인터내셔널, 제국주의 국가 내의 공산주의 세력 등은 연합 대상에서 제외했다. 그는 제국주의를 타도하기 위해서는 소련과 연합하지 않을 수 없다는 공산주의자들의 주장을 반박했다. 그 이유는 연합전선은 그 성질상 양자가 평등한 관계에서 형성되는 것으로, 강자와 약자가 연합전선을 형성할 경우 약자는 연합전선 상에서 항시 강자에게 이용당하기 때문이라는 것이다. 소련은 자국의 이익을 위해 약소민족의 혁명세력을 이용하고 있을 뿐 약소민족의 해방을 진정으로 원하고 있지는 않다고 주장하면서, 그 예로 소련의 치하에서 소수 민족들이 여전히 무한한 압박을 받고 있는 점을 들었다. 그리고 제3인터내셔널은 러시아 노농정부의 비호 하에 결성된 조직으로 오로지 노농정부를 공고히 하는 데 주력할 뿐이라면서, 제3인터내셔널이 내건 피압박 민족의 혁명을 원조한다는 등의 구호는 노농정부가 외교상의 필요에 따라 내건 것에 불과하다고 비판했다. 만약 제3인터내셔널이 진정으로 약소민족의 해방운동을 지원하려면 약소민족 각국의 동지들이 할 수 있는 범위 내에서 서로 연락을 취하고 원조를 하는 데 그쳐야 한다고 주장했다. 실제의 정세를 상세히 모르는 상황에서 동양에서의 혁명을 지도해서는 안 된다는 것이다.

제국주의 국가 내의 공산주의 세력 역시 약소민족 해방에는 관심이 없다는 이유로 연합 대상에서 제외했다. 류기석은 통치국의 노동정당과의 연합을 부정하는 자신을 편협한 국가론자라고 비판하는 자들에 대해 자신은 통치국 내의 모든 계급을 반대하는 것은 아니라고 반박했다. 그는 혁명당과 정당을 구별하면서 노동계급 정당과의 연합에 대해서는 반대하지만, 제국주의 국가 내의 진정한 무산계급혁명 지지자들과 연합하여 제국주의를 타도하는 것에 대해서는 적극 지지한다고 역설했다. 그에 의하면, 현 사회 내의 모든 기관은 자산계급의 손에 장악되어 있으며, 소위 정당이란 것도 자산계급이 조직한 정부 내에서 정권 장악과 권리 쟁탈을 실행하고 있을 뿐이므로, 식민지의 혁명당은 정당과 연합해서는 안 된다. 노동계급 정당도 마찬가지다. 그는 사회민주당은 현 사회제도의 범위 내에서 의회정책을 이용해서 정권을 장악하고자 하지만, 이는 노동자 해방에 한 점의 도움도 되지 않을 뿐 아니라 성공하기도 어려우며, 설사 정권을 장악한다고 하더라도 식민지의 독립을 승인하지 않는다고 주장했다.

영국의 노동당이 정권을 장악했을 때 아일랜드와 인도의 독립을 승인하지 않았고, 일본의 무산 정당들도 한국의 자치나 민족차별 철폐 등을 정강에만 포함시켰을 뿐 한국의 독립을 염두에 두고 있지 않다는 것이다. 따라서 일본의 무산 정당들은 한국 민족해방운동에 아무런 도움을 줄 수 없으며, 그들의 정권 장악을 통해 한국의 독립을 이루고자 하는 것은 연목구어緣木求魚의 미망迷妄에 불과하다고 생각했다. 그리고 이러한 노동 정당에 대해 "식민지의 혁명당이 어떠한 희망을 가질 수 있으며, 식민지의 독립을 요구할 수 있겠는가?"라고 되물으면서, 식민지 혁명운동 세력은 제국주의 국가 내의 소위 노동 정당에 대해 어떠한 희망을 가져서도 안 되고, 서로 연락해서도 안 된다고 역설했다.

이어 그는 자유연합주의적 원칙에 입각한 조직론을 제기했다. 연합주의는 곧 망상網狀의 조직으로, 이러한 수평적이고 상하의 구별이 없는 조직 내에서만 평등과 호조互助의 연대생활連帶生活을 발견할 수 있다면서 연합주의를 다음과 같이 규정했다.

> 연합주의란 두 사람, 두 단체 간의 자유동의하에 하나의 공동작업을 하여 공통된 목적을 달성하는 것이다. 그러나 이러한 동의를 기초로 한 연합적 단체가 사실事實이 되려면 한 가지 조건을 갖추어야 한다. 즉 모든 회원은 그 자신이 승인하는 바의 의무를 다해야 하고, 많은 사람들이 토론하여 결정한 결의를 따라야 한다.
>
> –『약소민족의 혁명방략』

그는 식민지에 대한 제국주의의 멸종 정책이 매우 엄혹하므로, 식민지 민족이 제국주의의 속박에서 벗어나기 위해서는 일종의 강력하고 엄밀한 조직체를 결성하지 않으면 안 되는데, 그러한 조직체는 자유연합주의적 조직 원칙에 따라 결성되어야 한다고 주장했다. 그것은 엄밀한 조직이 되려면 먼저 정치적 권력을 없애 조직 내에 내홍이 발생하지 않도록 해야 하는데, 연맹적 조직은 명령지배 기관이 아니므로 정치적 권력이 없고 권력투쟁에 몰두할 필요가 없기 때문에 내홍이 발생하지 않는다고 보았다. 그리고 이러한 혁명조직은 다음과 같은 최저한도의 조건을 갖추어야 한다고 역설했다.

① 적이 어떠한 정책을 사용하든 결코 그들과 타협할 수 없다.
② 제국주의 정부가 승인하는 정당(노동 정당과 무산 정당 포함)과 결코 타협할 수 없다.
③ 철저한 계급의식을 필히 갖추어야 한다.
④ 자립정신을 필히 갖추어야 한다.
⑤ 주의와 방략의 일치를 갖추어야 한다.

–『약소민족의 혁명방략』

그리고 규모가 큰 당 조직이나 각 부문의 작은 단체나 식민지 민중의 조직이라면 모두 갖추어야 할 조직 원칙을 다음과 같이 제시했다.

① 먼저 연맹 형식을 취하는 대단체, 즉 당 조직은 각 부문의 소단체를 포괄하되, 소단체는 연맹의 테두리 내에서 서로 관계하고, 친목하며 연락을 취한다.
② 소단체들은 각자 맡은 바의 일을 하더라도 대연맹의 기치 하에 서로 연락할 필요가 있고, 성질 여하를 막론하고 그 권리는 평등하다.

③ 대연맹은 하나의 중앙의 지휘기관이 아니고, 서로 통하는 목소리로 운동의 대방침을 획정하는 연락·토의기관이다.

–『약소민족의 혁명방략』

식민지 민중의 당 조직은 연맹체의 형태를 취해야 하며, 산하 소단체를 지휘하는 조직이 아니라 소단체들 간의 의견을 조정하고 연락하는 기관에 불과하다. 그리고 연맹체에 속하는 소단체들은 서로 평등한 권리를 가진다. 류기석은 아나키스트 조직은 유기체로 각각의 세포는 전체와 떼려야 뗄 수 없는 밀접한 관계에 있으면서 경중의 구별이 없이 서로 대등한 관계에 있다는 점을 강조하는 한편, 중앙집권적 조직에 대해서는 철저하게 부정적 입장을 취했다.

중앙집권적 조직은 몇 명의 수령이 조직을 통할統轄하기 때문에 오직 강제만이 있고, 개체의 자유는 추호도 없는바, 강제적 지도와 맹목적 복종은 혁명을 실패로 돌아가게 만들 뿐이라는 것이다. 그는 중앙집권적 제도는 근본적으로 혁명성과 서로 배치된다고 하면서 혁명 과정에서 민중과 단체들은 중앙집권적, 군대식 조직과 책략을 모방한 전략을 수립해서는 안 되고, 당연히 분산적 투쟁을 중심으로 하는 전략을 짜야 한다고 주장했다.

그가 제시한 조직 원칙은 실제에서도 그대로 적용되었다. 1928년 6월 상하이에서 류기석·이정규, 일본인 아카가와 게이라이, 중국인 마오이보毛一波·덩멍셴鄧夢仙·이쯔치易子琦·우커강 등이 중심이 되어 동양 아나키스트들의 국제연대조직 동방무정부주의자연맹東方無政府主義者聯盟을 결성했다. 이 연맹은 자유연합제도 원칙 위에 건설된 평등한 조직으로, 동양 혁명가들의 총사령부와 같이 명령하는 기관은 결코 아니었으며, 협력하여 나아가야 한다는 의식과 상호부조의 본능을 지니고 있었다.

테러활동에 나서다

류기석이 테러를 처음 행한 것은 1926년이었다. 당시 베이징 서직문西直門 밖 하이뎬海淀에는 안정근, 이탁李鐸, 김성만金聖萬 등이 가족들과 함께 살고 있었다. 그중 김성만의 생질인 문시록은 일제의 밀정 노릇을 하면서 진국신陳國信과 함께 이들을 못살게 굴었다. 류기석은 조세훈, 안양생, 심용해 등과 함께 문시록과 진국신을 응징하였는데, 그 두 사람은 한 달 여를 입원했다. 이후 1926년 5월에 류기석은 타이위안으로 떠났다. 그런데 타이위안으로 떠난 지 두어 달 뒤에 심용해가 문시록과 진국신에게 테러를 당해 입원하는 일이 발생했다. 이 소식을 들은 류기석은 휴가를 내고 베이징으로 향했다. 류기석은 자신을 피해 톈진으로 간 문시록과 진국신을 찾아 톈진까지 갔으나, 그들이 계속 도망을 가는 바람에 그들을 처리하지 못한 채 타이위안으로 돌아왔다.

류기석의 본격적인 테러활동은 재중국조선무정부공산주의자연맹 북경지부를 결성한 이후부터이다. 상하이에서 재중국조선무정부공산주의자연맹 상해지부 활동을 열심히 하던 류기석은 1928년 10월 이정규가 체포되자 일제의 탄압을 피해 상하이를 떠났다. 이정규는 아카가와 게이라이와 시라야마 히데오 등의 공갈사건이 발단이 되어 체포되었다. 아카가와 게이라이와 시라야마 히데오 등의 공갈사건이란 시라야마 히데오, 다케 료지武良二, 아카가와 게이라이, 이석규 등이 야타矢田 총영사와 시미즈淸水 영사가 왕쩌안王澤源과 무기 밀수를 한 사실을 포착하고, 이를 빌미로 야다 총영사에게 3만 달러를 주지 않으면 이 사실을 세상에 공포하겠다고 협박했다가 체포된 사건을 말한다. 이정규는 1928년 10월에 이석규, 다케 료지 등과 함께 검거되었다가 국내로 이송되어 징역 3년형을 언도받았다.

그는 난창과 난징을 거쳐 1929년 여름 톈진으로 갔다. 거기서 류기석은 바이하와 피아오하 양안의 국유지와 황무지를 불하받아 혁명근거지를 건설하고자 했다. 하지만 자금을 마련하지 못하는 바람에 이 사업은 실패했다. 베이징으로 간 그는 저우마오린周茂林의 소개로 베이징시 정부에서 근무했다.

베이징에 있으면서 1926년에 결성된 조선흑치단朝鮮黑幟團과 1928년 10월 베이징에서 정래동, 오남기, 국순엽鞠淳葉, 김용현金用賢, 이용진李龍鎭 등에 의해 결성된 아나연맹을 기반으로 하여 심용해와 함께 재중국조선무정부공산주의자연맹 북경지부를 조직했다. 이를 통칭 북경연맹北京聯盟이라 했던 것으로 보인다. 그는 북경연맹을 중심으로 테러활동을 전개했다.

북경연맹 외에도 테러를 수행할 조직으로 남화한인청년연맹을 결성했다. 남화한인청년연맹 결성은 1930년 3월 22일 신현상과 최석영이 충남 예산의 호서은행에서 5만 8,000원을 인출해 베이징시 정부로 류기석을 찾아간 데서 비롯되었다.

류기석과 신현상의 만남은 1928년 여름 상하이에서 처음으로 이루어졌다. 류기석을 만난 신현상은 그와 교류하면서 그로부터 아나키즘 관련 서적을 구해 읽었다. 신현상은 군중 속에서 뿌리를 내리고 불씨를 지펴야 한다며 귀국을 종용하는 류기석의 충고를 받아들여 1929년 봄에 귀국했다. 류기석은 난징에서 신현상과 헤어지면서 만약 중국으로 오려면 운동자금을 마련해서 와야지, 그렇지 않으면 뜻을 펼칠 수 없다고 당부했다.

귀국한 신현상은 자금을 마련하기 위해 백방으로 노력했다. 그는 최석영이 미곡상을 경영하며 거래처인 호서은행에 상당한 신용을 쌓아놓은 것에 주목했다. 신현상과 최석영은 1930년 2월 예산에 있던 호서은행 본점에서 양곡거래 조건으로 15회에 걸쳐 5만 8,000원을 인출했다. 그들은 그 돈의 일부를 지니고 함경남도 함흥을 경유하여 차고동車鼓東과 함께 톈진을 거쳐 1930년 3월 22일 베이징에 도착했다.

류기석은 신현상과 협의해 그 돈을 테러활동 자금으로 사용하기로 결정하고, 먼저 톈진 일본영사관을 파괴하기로 했다. 류기석은 신현상에게서 받은 돈으로 자동소총 5자루 등의 무기를 구입하고, 나머지 4,000원은 은행에 예금했다. 그리고 테러활동을 전개할 동지들을 규합하기 위해 상하이로 류자명을 찾아갔다. 어느 정도 준비를 마치자 류기

천진 일본 총영사관 사무소

석은 류자명, 장도선, 정해리, 안공근安恭根 등과 함께 1930년 4월 20일 상하이 프랑스조계 진센푸로金神父路 신신리新新里의 어느 중국인 집 2층에서 남화한인청년연맹을 결성하고 선언과 강령 및 규약을 발표했다. 신현상도 상하이로 가서 동지들을 방문하고 밀의를 거듭한 뒤 남화청년연맹에 가입했다.

남화한인청년연맹을 결성한 류기석은 1930년 5월에 베이징으로 돌아갔다. 그는 신현상 등과 함께 대파괴공작을 일으킬 계획을 세우고, 이를 실행에 옮기기 위해 베이징에서 중국에 산재해 있는 한국인 아나키스트들을 소집하여 무정부주의자동양대회를 개최했다.

신현상과 최석영이 가져간 자금은 중국에서 활약하고 있던 한국인 민족해방운동가들의 비상한 관심을 끌었다. 임시정부 김구金九 주석조차 이 자금을 공동으로 독립운동에 사용할 것을 제의할 정도였다. 대회에서는 이 자금의 사용처를 놓고 갑론을박을 벌였다. 논의는 류기석이 의도했던 방향과는 다르게 진행되었다. 류기석은 총력을 기울여 대규모의 테러활동을 전개하고자 했지만, 만주에서 재만조선무정부주의자연맹의 대표로 무정부주의자동양대회에 참가한 이을규와 김종진이 각지 동지들이 만주 기지의 중요성을 인식하고, 재정적인 면에서는 물론 인적인 면에서도 우선적으로 총력을 기울여서 민족 대계의 기반을 만주에다 닦자고 호소했다. 갑론을박 끝에 이회영의 중재로 타협안을 이끌어냈다. 신현상과 최석영이 가져온 자금을 만주에서 진행되고 있는 민족해방운동기지 건설사업을 지원하는 데 우선적으로 사용하기로 하되, 중국 관내에서도 적극적인 성의를 가지고 운동을 전개하기로 결의한 것이다. 그리고 구체적 방안을 이끌어내기 위해 분과별로 활동 방법을 모색하기로 했지만, 이 결정은 실행에 옮겨지지 못했다.

재중국 한국인 아나키스트들의 움직임을 탐지한 일본 경찰이 5월 6일 중국 경찰을 앞세워 류기석 등이 모여 있던 오남기의 방, 신현상과 최석영의 숙소를 급습하여 류기석, 신현상, 최석영, 김종진, 이을규, 정래동, 오남기, 국순엽, 차고동 등 대회 참가자 11명을 체포했다. 그리고 류기석의 몸을 수색해 4,000원이 예금되어 있던 통장을 압수하고, 신현상과 최석영의 숙소를 뒤쳐 채 소각하지 못한 개인 우편물과 숨겨놓았던 무기 등을 압수했다. 류기석은 자신이 베이징시 정부北京市政府 직원임과 중국 국적을 취득한 사실을 내세워 연행이 불법이라고 항의했다. 그리고 장인우張蔭梧 베이징시장에게 전화를 걸어 사건의 경과를 설명하고 연행의 불법성을 따졌다. 다음날 아침 베이징시장의 지시로 모두 석방되었다.

오남기 등 민국대 학생 3명은 주거지로 돌아가고, 만주와 상하이에서 온 4명은 안전한 장소로 피신했다. 하지만 미처 새로운 거주지를 마련하지 못한 신현상과 최석영은 그 다음날 아침에 다시 체포되었다. 일본은 베이징시 정부에 대표를 파견해 류기석까지 인도해달라고 요구했으나 거절당했다. 류기석은 중국 경찰의 처사를 비난하는 여론을 조성하는 등 백방으로 신현상과 최석영의 구명운동을 벌였으나, 두 사람은 결국 일본영사관에 넘겨졌다. 은행에 예금한 돈은 중국 경찰에게 불법으로 강탈당했고, 빼앗긴 무기 역시 돌려받지 못했다. 이 사건은 국내에도 그 여파를 미쳐 정만희, 석윤옥, 김학성, 신현국, 장재익, 인각수, 최병하, 이용진 등이 검거되었다.

이후 류기석은 박용태 등이 1930년 6월 15일 대한대독립당주비회의 기관지 『조선의 혈血』을 창간하는 것을 원조하다가 1930년 9월 베이징시정부에 사직서를 내고 상하이를 거쳐 취안저우로 갔다. 당시 취안저우에는 친왕산이 설립한 여명중학黎明中學이 있었다. 친왕산은 학교 운영을 량룽광에게 맡기고 자신은 샤먼에 머물고 있었다. 류기석은 천영이 속민단편련처 활동을 함께했던 인연으로 여명중학에서 지리와 체육 교과를 담당했다. 정치회鄭致和(허열추許烈秋, 수학 담당)도 같이 근무했다. 량룽광이 일본으로 유학을 가자, 그 후임으로 우커강이 교장에 취임했다. 하지만 우커강이 병으로 입원하는 바람에 학교 업무를 볼 수 없게 되어 류기석이 교장 직무대리로 추대되었다. 그런데 1931년 봄, 일본에서 돌아온 량룽광이 교장에 복귀하고자 하자, 교사들과 학생들이 이에 반대하면서 학교를 떠나거나 전학을 갔다. 류기석도 학교를 그만두고 정치화와 함께 생활하면서 새로운 일을 모색했다.

이때 일본영사관에서는 취안저우에 주둔해 있던 천궈후이陳國輝 여단을 사주하여 류기석을 체포하고자 했다. 류기석은 자신을 체포하러 왔던 차이지스蔡季石의 배려로 스스진石獅鎮으로 피했다. 당시 스스진에는 차이마오링蔡茂齡이 민단대장으로 있었는데, 그의 보호로 일본 경찰에 체포되는 것을 피할 수 있었다.

1931년 '9·18사건'이 발생하자 류기석은 항일전에 참가하기 위해 다시 베이징으로 갔다. 1931년 11월 초순경 상하이를 거쳐 가는 도중 거기에서 류자명을 만나 정치화와 함께 불멸구락부에 가맹했다. 1931년 말 베이징으로 가서 동북의용군, 각종 항일회抗日會 등 중국 항일단체와 교류하면서 그들의 지원 아래 일본 조계지 파괴활동을 전개했다.

1932년 9~10월 톈진과 러허熱河 사이에서 활동하던 그는 항일운동의 기세를 높이기 위해 다시 테러를 결행할 계획을 세웠다. 그는 재베이핑동북의용군후원회在北平東北義勇軍後援會와 푸젠, 취안저우, 샤먼 방면의 항일회 등으로부터 지원받은 7천 달러로 테러활동을 전개하고자 했다. 1932년 10월 테러에 동참할 동지를 물색하기 위해 상하이로 향했다. 난샹南翔 입달立達학원에 근무하고 있던 류자명을 방문해 정화암 등과 함께 테러활동에 대해 논의했다. 당시 상하이에는 만주에서 민족해방운동기지 건설운동을 하다가 철수한 재중국 한국인 아나키스트들이 집결해 테

김종진

러활동을 전개하고 있었다.

재중국 한국인 아나키스트들의 만주에서의 민족해방운동기지 건설운동은 1927년 10월 김종진이 만주로 가면서 시작되었다. 김종진은 1925년 윈난무관학교 雲南武官學校를 졸업한 후 상하이로 가서 일단의 한국인 아나키스트들과 민족해방운동의 방도에 관해 토의했다. 그 결과 재만 在滿 교포를 계몽·조직화하여 둔전양병屯田養兵의 기반을 닦는 것이 급선무라는 데 의견의 일치를 보고, 자신이 먼저 만주로 가서 기반을 닦기로 합의했다.

1927년 9월 만주행 도중에 이회영을 방문하여 사상 전반에 대해 토론한 그는 10월 하순에 만주에 도착한 후 김좌진金佐鎭의 신민부에 합류했다. 그는 민족해방운동이 곧 아나키스트사회건설운동인 것으로 보고, 한인사회에 주민 자신들의 생활을 위한 공동체로써 그들의 경제적 협력기구를 조직하고, 그것을 중심으로 인보상조隣保相助하는 농촌자치체를 조직하고자 했다. 이를 위해 그는 8개월에 걸쳐 북간도 지역의 실정을 조사했다. 1928년 8월 하순 하이린海林으로 돌아온 김종진은 김좌진에게 조사 결과를 보고하고, 한인교포의 지지를 받는 단체를 조직할 것을 역설하면서 아나키스트들과 연합해 신민부를 개편할 것을 제안했다. 신민부를 개편하여 재만 동포 자신의 조직으로 만들어야만 공산주의자들의 침투와 교란을 피할 수 있고, 일본과도 장기 항전할 수 있는 정신적 힘을 얻을 수 있다는 것이었다.

당시 만주의 민족주의 세력은 커다란 위기에 직면해 있었다. 민족주의자들은 1910년 국권상실 이후 만주에서 독립군을 조직하여 일제와 싸우면서 청산리전투나 봉오동전투와 같은 전과를 올리기도 했으나, 그 이후에는 별다른 성과를 거두지 못했다. 당시 민족주의를 표방하고 있던 재만 독립군들은 권력을 휘두르며 민중들 위에 군림하려는 자세를 취했을 뿐 아니라 수십만에 달하는 영세한 한인교포에게 군자금·군수품 등의 제공, 통신연락 등의 희생을 강요했다. 이 때문에 독립군들은 한인사회에 대중적 기반을 확보하지 못하고 민중들로부터 경원시되었다. 심지어는 김좌진조차 한인사회에서는 '마왕' 또는 '폭군'으로 불렸다. 공산주의자들은 민중해방을 표방하면서 민족주의자들의 이러한 점을 비판했고, 민중들은 점차 공산주의자들에게 동조하기 시작했다.

민족주의자들은 민족유일당운동으로 탈출구를 모색했다. 1927년 4월에 개최된 정의부 제1회 대표자회의를 시작으로 민족유일당을 건설하기 위한 운동을 전개했다. 조선공산당 만주총국 등 좌우익 20여 개 단체가 참가하여 민족유일당운동은 어느 정도 진척을 이루었다. 1928년 5월에는 민족유일당 촉성회가 결성되기까지 했다. 하지만 민족유일당 건설운동은 민족유일당 조직방법을 둘러싸고 분열되고 말았다. 민족유일당 건설운동은 재만 민족주의자들의 대표적 단체인 정의부·참의부·신민부 등의 삼부통합운동으로 이어졌으나, 그마저 실패했다.

민족주의세력의 지도자 중 한 사람이었던 김좌진은 공산주의에 대항할 사상과 이론을 독자적으로 모색했다. 그는 그 과정에서 아나키즘에

김좌진

주목하고 아나키스트들과의 연합을 추진했다. 연합의 필요성은 재만 한국인 아나키스트들도 느끼고 있었다. 만주에 민족해방운동과 사회혁명의 근거지를 건설하기 위해서는 먼저 만주에 지역적 기반을 확보하는 문제를 해결해야 했다. 재만 한국인 아나키스트들은 민족주의자들과의 연합을 통해서 지역적 기반 확보 문제를 해결하고, 이를 통해 공산주의자들에 대항하고자 했다.

서로의 필요에 의해 민족주의 세력과 아나키스트 세력 간의 연합이 이루어졌다. 김좌진은 신민부를 개편해 공산주의에 대항할 수 있는 조직을 만들자는 김종진의 제안을 받아들였다.〈신민부 활동 보도기사〉 이에 김종진은 먼저 재만 한국인 아나키스트들을 규합하는 한편, 이회영과 이을규를 초청했다. 1929년 초 이을규와 이회영이 상의한 결과, 이을규가 먼저 북만주로 가서 사정을 살피고, 이회영도 소식이 전해지는 대로 만주로 가기로 했다. 1929년 1월 지린에서 만난 김종진과 이을규는 민족해방운동 방도에 대해 토론하면서 하이린으로 향했다. 3월 하순경에 중동선中東線 하이린역海林驛에 도착한 김종진과 이을규는 재만 한국인 아나키스트들의 조직화 사업에 주력했다. 김종진과 이을규는 1929년 7월 하이린에 있는 한 소학교에서 재만조선무정부주의자연맹을 결성했다. 이 조직에는 이달李達, 이준근李俊根, 이강훈李康勳, 이붕해李鵬海,

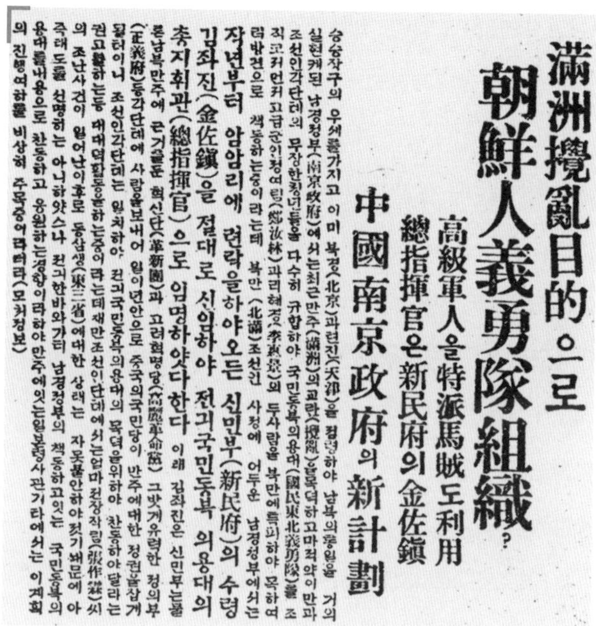

滿洲攪亂目的으로 朝鮮人義勇隊組織?

高級軍人을特派馬賊도利用 總指揮官은新民府의金佐鎭

中國南京政府의新計劃

승승작구의 우세를가지고 이미 북경(北京)과텬진(天津)을 점령하야 남북의통일을 거의 실현케된 남경정부(南京政府)에서는최근만주(滿洲)의교란(攪亂)을목뎍하고마적약이만과 조선인각단톄의 무장한청년들을 다수히 규합하야 국민동북의용대(國民東北義勇隊)를 조직코저먼저 고급군인[illegible]여림([illegible]汝林)과리혜경([illegible])의 두사람을 북만에특파하야 목하여러방면으로 책동하는중이라는데 북만(北滿)조선인 사정에 어두운 남경정부에서는 작년부터 암암리에 련락을하야오든 신민부(新民府)의 수령 김좌진(金佐鎭)을 절대로 신임하야 전긔국민동북 의용대의 총지휘관(總指揮官)으로 임명하얏다 한다 이래 김좌진은 신민부는물론남북만주에 큰거물된 혁신단(革新團)과 고려혁명당(高麗革命黨) 그밧게유력한 정의부(正義府)등각단톄에 사람을보내어 일이년안으로 중국의국민당이 만주에대한 정권을잡게될터이니 조선인각단톄는 일치하야 전긔국민동북의용대의 목뎍을위하야 찬동하야달라는 권고활동을하는등 대대뎍활동을하는중이라는데 재만조선인단톄에서는얼마전장작림(張作霖)씨의 조난사건이 일어난이후로 동삼성(東三省)에대한 상태는 자못불안하야젓기때문에 아즉태도를 선명히는 아니하얏스나 전긔한바와가티 남경정부의 책동하고잇는 국민동북의용대를내용으로 찬동하고 응원하는경향이라하야 만주에잇는일본령사관기타에서는 이계획의 진행여하를 비상히 주목중이라더라(모처정보)

신민회 활동 보도기사

이덕재李德載, 김야봉, 김야운, 엄형순, 김동화金東和, 남대관南大觀 등이 참가했다. 재만조선무정부주의자연맹은 강령을 통해 농민들의 의식개혁과 생활개혁을 통해 만주에서 이상사회를 건설하고, 그 이상사회를 근거지로 삼아서 민족해방운동을 지속적으로 전개할 것을 천명했다.

재만조선무정부주의자연맹이 결성되면서 신민부 개편 작업이 본격화되었다. 김좌진은 무장군대의 활동이나 그 밖의 모든 군사적 활동을 뒤로 미루고 한족 자치제 확립에 주력하기로 하는 한편, 재만조선무정부주의자연맹에서 교육과 사상계몽, 생활개선 지도를 맡는 동시에 재만조선무정부주의자연맹 전원이 연합조직에 참가하는 것을 원칙으로 할 것을 제의했다. 이어 김좌진을 비롯한 신민부의 대표자 16명은 1929년 7월 21일 신민부를 한족총연합회로 개편할 것을 결의했다. 곧이어 김좌진 등 민족주의자들과 재만조선무정부주의자연맹의 연합으로 한족총연합회가 결성되었다. 한족총연합회의 간부진은 김좌진(위원장), 권화산權華山(부위원장), 김종진, 이을규, 이달, 김야봉, 김야운, 이덕재, 이붕해, 한청암韓青岩, 정신鄭信, 박경천朴耕天, 강석천姜石泉 등으로 구성되었는데, 과반수가 아나키스트들이었다.

한족총연합회는 창립 이후 조직적 기반을 확충하기 위한 사업을 우선적으로 전개했다. 조직선전대가 지역조직 재정비작업을 마무리짓는 대로 새로운 지역조직 건설에 착수하는 한편, 교육사업에 치중하여 50여 개의 소학교를 운영하면서 북만지역에 중등학교 설립을 추진했다.

공산주의자들에 의해 김좌진이 암살당하자, 아나키스트와 민족주의자 사이의 갈등이 표면화되기 시작했다. 그 와중에 아나키스트들은 조직선전 대원들을 지역으로 파견해 지역의 인심을 가라앉히는 한편, 북만중학 기성회 사업과 지역조직 문제를 해결하기 위해 노력했지만, 자금 부족으로 사업이 지지부진을 면하지 못했다. 이때 베이징으로부터 무정부주의자동양대회에 참석하라는 연락이 왔다. 무정부주의자동양대회에 참석한 김종진과 이을규가 만주에서의 민족해방운동기지 건설을 지원해줄 것을 호소했다. 이 대회는 만주에서의 민족해방운동기지 건설을 우선 지원하기로 결정했으나, 중국 경찰을 앞세운 일본의 탄압으로 무산되고 말았다. 그러한데다가 1930년 9월 자금을 마련하기 위해 푸젠으로 가던 이을규가 일본 경찰에게 체포되고 말았다.

이을규

이에 재만조선무정부주의자연맹은 긴급총회를 열어 중국 중남부에 산재한 한국인 아나키스트들을 북만으로 집결시키는 것만이 위기를 타개할 수 있는 유일한 방도라는 데 합의를 하고, 재중국 한국인 아나키스트들을 즉시 북만으로 불러들이기로 결의했다. 이에 1930년 10월 말 정화암, 백정기, 김지강, 장기준(왕해평), 오면직 등 15명의 아나키스트들이 민족해방운동기지 건설운동에 합류했다. 만주에 집결한 아나키스트들은 북만중학의 개교를 서두르는 한편, 연말연시의 농한기를 이용해 지역조직과 사상계몽, 생활개선과 지도 등 2대 목표를 갖고 각 부락을 순회하면서 강연과 공연을 했다. 하지만 한족총연합회의 내분, 아나키스트들과 민족주의자들 간의 갈등은 한족총연합회의 활동을 위축시켰다.

아나키스트들과 민족주의자와의 갈등은 시간이 갈수록 더욱 첨예화되었다. 백정기의 연극사건으로 갈등은 폭발 직전에 이르렀다. 결국 1931년 7월 이후 민족주의자들이 이준근, 김야운, 김종진 등을 연이어 살해하는 사태가 벌어졌다. 이에 아나키스트들은 더 이상 만주에서 활동하기를 포기하고, 1931년 8월 하순 이후 중국 관내로 철수했다. 이들은 남화한인청년연맹에 합류해 테러활동을 전개했다. 이들의 테러활동은 자포자기적 상황에서 행해진 것으로 허무주의적 경향을 강하게 띠고 있었다.

류기석은 1932년 11월 상하이 프랑스조계 내에 있던 백정기의 숙소에서 이용준, 엄형순, 이달, 정해리, 백정기, 오면직, 원심창, 박기성, 정화암, 김야봉, 야타베 유지谷田部勇司 등과 회합했다. 그 자리에서 "만주사변을 계기로 하여 일본제국 세력이 북중국에 파급되는 것은 명료한 것으로 동同 방면의 인심은 동요하고 있다. 고로 이때 우리 동지들은 북중국 방면의 일본 군부 또는 총영사관에 폭탄을 투척하여 그 수뇌를 암살하고 인심을 외포畏怖케 하여, 치안을 교란攪亂하고 일본제국의 북중국 진출을 방해하자"고 제안했다. 이에 대해 협의한 결과 엄형순, 이달, 정해리, 백정기, 오면직, 박기성, 정화암, 야타베 유지 등은 상하이 방면에서 폭탄을 투척하고 향후의 운동자금을 조성하는 데 사용할 것을 주장했으나, 원심창과 이용준 등은 류기석의 제안에 찬성했다.

11월 12, 13일경 원심창이 류기석의 숙소를 방문했다. 그 자리에서 류기석은 자신이 중국 항일단체로부터 7,000달러를 지원받았는데 그 중 3,000달러가 남아있으며, 이 자금으로 톈진과 베이징 방면에서 대사건을 야기하면 광둥과 푸젠성의 중국 항일단체로부터 2~3만 달러를 다시 받을 수 있다고 밝혔다. 류기석, 원심창, 이용준 3명은 북중국 방면의 치안교란 공작을 실행에 옮기기로 했다. 1932년 11월 19일경 류기석은 원심창, 이용준 등과 함께 상하이를 떠나 베이징으로 향했는데, 이때 김야봉도 동행했다. 류기석, 원심창, 이용준, 김야봉 등은 11월 21일경 베이징에 도착했으며, 김야봉은 북만주로 떠났다.

류기석, 원심창, 이용준은 정래동, 오남기, 국순엽, 류기문(류기석의 동생) 등 북경연맹원들과 협의한 후, 테러를 단행할 장소를 물색했다. 하지만 당시 베이징에는 장쉐량 군대 30여만 명이 주둔하고 있었으므로 테러를 단행하기가 여의치 않았다. 12월 8, 9일경 류기석은 원심창과 이용준의 숙소를 방문하여 베이징 대신 톈진에서 항일 파괴공작을 실행할 것을 제안했다. 이들의 동의를 얻은 류기석은 테러에 필요한 모든 준비를 맡았다.

1932년 12월 13일 밤 류기석은 원심창과 이용준에게 폭탄 3개 구입 등 모든 준비가 끝났음을 알리고, 그들과 함께 12월 14일 야간열차로 베이징을 출발하여 밤 12시경 톈진에 도착했다. 12월 15일 원심창, 이용준 등은 각 인의 부서, 기타에 대해 합의했다. 이들은 폭탄 투척 장소를 물색하기 위해 현장시찰을 한 뒤, 일본군사령부와 주톈진 일본총영사 구와시마桑島를 폭탄투척 대상으로 선정했다. 독일조계지 바이하 부두에 정박 중이던 일본 기선 남양환南洋丸도 고려했으나 제외했다. 류기석이 일본총영사 관저 근처에서 구와시마를 암살하겠다고 나섰으나, 현장시찰 결과 일본총영사 관저의 경우 테러 후에 도망가기가 여의치 않은 것으로 판명이 나서 다른 사람이 맡기로 했다.

만약 류기석이 체포되면 중국 항일회와 자금 문제를 교섭하는 것이 불가능해지기 때문이었다. 희생을 최소한으로 줄이기 위해 이용준이 구와시마 암살을 맡고, 일본군사령부에 폭탄을 투척하는 것은 류기석이 맡기로 했다. 원심창은 지리에 어두워 도망가기가 어려우므로, 테러가 행해진 뒤 곧바로 상하이로 가서 톈진의 상황을 보고하기로 했다. 결행

일시는 12월 16일 오후 6시 30분으로 결정했다.

12월 15일 밤 류기석은 원심창이 참석한 가운데 이용준에게 수류탄 사용 방법 등을 알려주었다. 이때 원심창이 류기석에게 중국 측 항일회로부터 자금을 수령할 경우에 그것을 어떻게 사용할 것인지 물었다. 이에 류기석은 5,000달러 이하를 수령하면 베이징에서 경제기관을 만들어 그 이익을 운동자금으로 사용하고, 5,000달러 이상을 수령하면 상하이로 가서 동지들과 협의를 해 사용방법을 결정하자고 했다.

류기석은 이용준과 함께 빅토리아공원으로 가서 사후의 주의사항을 이야기하고 여관으로 돌아갔다. 이용준은 계획대로 오후 6시 30분경 빅토리아공원 안에서 구와시마가 탄 자동차를 향해 폭탄 1개를 투척했다. 하지만 일본총영사 관저 외곽의 벽돌담 일부가 파손되는 데 그치고 말았다. 류기석은 류기문에게 일본군사령부에 폭탄을 투척할 것을 요청했다. 일본군사령부가 너무 멀리 떨어져 있었기 때문에 류기문은 폭탄을 일본군사령부 대신 부두에 정박 중인 일본 기선 남양환 갑판에 투척했다. 류기문이 던진 폭탄은 갑판 위에 떨어졌으나, 선원이 폭탄을 발로 차 바다에 빠뜨려 실패하고 말았다. 기선은 뱃머리를 돌려 도망갔다.

원심창은 12월 16일 석간신문에 일본총영사 관저에 폭탄이 투척되었다는 기사를 보고 9시 15분에 톈진을 출발하여 12월 19일에 상하이로 돌아갔다. 이용준은 폭탄을 투척한 후 일단 베이징으로 갔으나, 류기석과 감정상의 충돌이 생겨 1933년 2월에 상하이로 갔다.

1932년 겨울에 잉치루안應起鸞과 결혼한 류기석은 일본총영사 구와시마 암살과 일본 기선 남양환 폭파 기도에 이어 2차 파괴계획을 세웠다.

톈진에 있는 일본 정금은행正金銀行과 일본군영 소재지인 해광사海光寺를 폭파하고자 한 것이다. 정금은행의 안으로는 들어가지 못하고 정문으로 들어가는 계단 아래에 시한폭탄을 설치했으나, 다음날 아침에 발견되는 바람에 목적을 이루지 못했다. 그리고 밤을 이용해 일본 병영 안에 있는 발전소에 수류탄을 투척했다. 수류탄은 폭발했지만, 일본이 군사 기밀상 발표를 하지 않아 그 피해 상황은 알 수 없었다.

1933년 1월 이후 류기석은 상하이, 바오터우包頭 등지를 전전하면서 테러활동을 도모했다. 그해 가을 카이펑開封으로 옮겨 간 류기석은 『허난민보河南民報』에 들어가 편집을 맡으면서 사설까지 썼다. 이때 쓴 사설은 주로 국제 문제에 관한 내용이었고, 국내 문제에 관한 것은 극히 적었다. 그는 나중에 주필을 거쳐 총편집을 맡았다. 그는 5년간 『허난민보』에 몸담고 있는 동안에도 생활비를 보충하기 위해 두 군데의 중학교에서 수업을 맡았으며, 허난대河南大 농학원에서 강사로 일하기도 했다.

류기석은 1937년 중일전쟁이 발발하자 김구의 요청으로 9월 초에 난징으로 향했다. 그때 난징은 일본기의 폭격을 당하고 있었는데, 류기석은 「난징 공중전 목격기」를 써서 『허난민보』에 기고하기도 했다. 당시 민족주의 세력은 김구 계열과 김원봉 계열로 분열되어 있었는데, 류기석은 양 계열의 연합을 중재했다. 하지만 그의 노력은 성과를 내지 못했다. 이후 그는 청년 9명과 함께 소모임을 만든 뒤, 상하이에서 지하공작을 하기로 협의했다. 소모임은 김구의 한국국민당 계열과 아나키스트로 구성되어 있었다.

그해 10월 상하이로 간 류기석은 소모임원들과 함께 지하선전활동을 전개했다. 반일 원고를 써서 투고하기도 했는데, 『대미만보大美晩報』에 「니항尼港사변 인상기」 외 한 편의 산문과 한 편의 시가 실렸다. 「니항사변 인상기」는 1920년 일본군이 니콜라옙스크Nikolayevsk에서 러시아 유격대에게 섬멸당하는 경과를 서술한 글로, 한국 민중과 러시아 민중이 연합해 일본군에 대항한 실황을 언급했다. 그리고 남화한인청년연맹의 기관지 『남화통신南華通訊』(1936년 1월 창간)에도 원고를 기고하여 아나키즘을 선전했다.

한편 류기석은 변화하는 국제정세에 대응하기 위해 남화한인청년연맹 개조작업에 들어갔다. 남화한인청년연맹은 1930년 4월 류기석, 류자명, 장도선, 정해리, 안공근 등이 상하이에서 결성한 이후, 1930년 5월 류기석이 베이징으로 돌아가고 무정부주의자동양대회마저 일제의 탄압으로 아무런 성과를 내지 못하자 활동을 중단하다시피 했다. 그러다가 이회영과 류자명 등의 노력으로 조직이 재정비되었고, 1931년 일제의 만주침공 이후 만주에서 철수해 상하이로 간 아나키스트들이 합류하면서 조직이 확대, 개편되었다. 이후 남화한인청년연맹은 선전활동과 테러활동을 적극적으로 전개했다.

남화한인청년연맹은 연구와 토론 등 각종 회의를 개최하여 아나키즘 이론을 연구했다. 그리고 각종 기념일에는 격문을 살포하여 재중국 한국인 청년들에게 아나키즘을 선전하는 등 일반청소년을 대상으로 한 계몽운동에 주력했다. 테러활동 또한 활발하게 전개했는데, 이들이 전개한 테러활동으로는 이달과 오면직이 행한 일제의 밀정 이규서李圭瑞와 연충렬延忠烈 암살, 오면직과 엄형순, 김지강이 행한 일제의 밀정 이종홍李

鍾洪(안경근의 처생질) 교살, 오면직과 엄형순 등이 행한 일제의 밀정 옥관빈玉觀彬과 옥성빈 사살, 엄형순과 이규창이 행한 이용로李容魯(상해조선인거류민회上海朝鮮人居留民會 부회장 역임) 암살, 김창근金昌根이 행한 일제의 밀정 이태서李泰瑞 사살, 김현수와 최원삼(조선민족혁명당원)이 행한 이갑녕李甲寧(상해조선인거류민회장) 암살 미수 등이 있다. 이중 상당수는 김구 중심의 한인애국단이나 대한민국임시정부와의 합작하에 이루어졌다. 김구가 합작을 제의해오자 자금 부족에 시달리던 아나키스트들이 그 제의에 응했던 것이다.

정화암

정화암의 주도하에 이루어진 남화한인청년연맹의 테러활동은 일제의 기관보다는 주로 일제의 밀정이나 친일파를 대상으로 했고, 테러적 직접행동론보다는 허무주의에 입각해 있었다. 만주기지를 상실한 이들 사이에는 허무주의가 만연해 있었기 때문이다.

남화한인청년연맹원들은 사업에 소요되는 자금을 충당하기 위해 '략掠'이라 칭하는 행동도 실행했다. 이 '략'이라는 행동은 가진 자들에게서 자산을 탈취하는 것을 정당하게 여기는 '약탈론'의 입장에 근거하고 있었다. 아나키스트들은 가진 자들로부터 돈을 빼앗는 행위, 즉 강도짓이나 도적질 같은 행위를 아무런 거리낌 없이 행했는데, 가진 자들에게 강탈당한 것을 되찾는 행위는 아무런 도덕적 결함이 없는 정당한 행위인 것으로 판단했기 때문이었다. 아나키스트들은 '략'을 통해 획득한 자금을 운동자금이나 생활비에 충당했는데, 이 '략'에는 강도행위도 포함되어 있다. 남화한인청년연맹이 상하이에서 단행한 주요한 강도 행위로는 백정기와 이용준이 행한 이명섭의 집 습격, 박제채·박능한朴能韓·홍곤洪坤 등이 행한 홍원제의 가게 습격, 오면직·김지강·이용준·이달·엄형순·박기성 등이 행한 평안북도 모 금융조합 이사 김창우金昌宇와 박모朴某 습격, 이달·박기성·이용준 등이 행한 조상섭趙尙燮의 집 습격, 김문희金文凞의 집 습격, 이성용李星鎔의 집 습격, 엄형순·이규창·이달·김지강 등이 행한 조상섭의 집 습격, 정화암·이하유·김성수·김현수·박제채·이달 등이 행한 한규영韓奎泳의 집 습격 등이 있다.

1935년 3월 이용로 암살 이후 다수의 아나키스트들이 체포되거나 체포를 피해 도망하는 바람에 남화한인청년연맹은 활발한 활동은 전개하지 못했다. 남화한인청년연맹이 『남화통신』(1936년 1월 상하이에서 창간) 발행을 통한 선전활동으로 명맥을 유지하고 있을 뿐이었다. 그러한 가운데 1930년대 중반이 되면서 세계 각처에서 파시즘이 대두했고, 이에 대항하는 움직임도 일어났다. 1934년 2월 프랑스에서 일어난 우익단체의 폭동을 계기로 노동자와 지식인, 도시소시민, 농민들 사이에서 민주세력이 연합하여 다가오는 파시즘의 위협에 대항하자는 분위기가 형성되어 갔다. 이에 사회당과 공산당의 제휴가 이루어져 1934년 7월에 양당의 통일행동협정이 성립되었다. 1935년 6월에는 중산계급이 지지하는 급진사회당도 이에 가담해 참가 단체가 98개에 달하는 인민연합이 형성되었다. 이것을 인민전선Front populaire이라 부른다.

1935년의 코민테른 제7차 대회에서 서기장 G.M.디미트로프Georgi

Mikhailovich Dimitrov가 여러 계층과 당파들이 반反파쇼 인민전선을 형성하여 반파쇼투쟁을 전개하는 것을 자본주의 제국諸國에서의 국제공산주의 운동의 기본전략으로 삼을 것을 제안하기에 이르렀다. 인민전선은 프랑스와 스페인에서 커다란 성과를 냈다. 프랑스에서는 1936년 1월 「인민전선강령」이 발표되고, 3월에는 사회당계의 노동총동맹과 공산당계의 통일노동총동맹의 2대 노동조합이 조직통일에 성공했다. 그 결과 4월과 5월에 치러진 두 차례의 총선에서 대승리를 거두었고, 6월에는 인민전선 정부가 수립되었다. 스페인에서는 1934년 이후 인민전선 세력이 성장해 사회당 계통의 노동자총동맹UGT과 아나키스트 그룹인 노동자국민동맹CNT이 연합하기에 이르렀고, 그 결과 1936년 1월 인민전선협정이 체결되었다. 그리고 1936년 2월 16일에 치러진 총선에서 인민전선이 승리함으로써 인민전선 정부가 수립되었다.

전 세계에서 인민전선을 결성하여 반파쇼투쟁을 전개하는 움직임이 확산되자, 재중국 한국인 아나키스트들 사이에서도 일본제국주의에 반대하는 모든 민족세력을 포괄하여 민족전선을 결성해야 한다는 주장들이 나오기 시작했다. 민족전선론을 제일 먼저 제창한 사람은 확인되는 바로는 신채호다. 『남화통신』 1936년 11월호(제1권 제10기)에 신채호의 유시遺詩 「민족전선을 위하여」가 「혁명동포에게」라는 제목의 시와 함께 게재된 바가 있다. 이 시는 신채호가 1936년 2월 21일 사망하기 전인 1936년 초에 작성된 것으로 보인다. 1935년까지는 민족전선론이 제기될 수 있는 상황이 아니었기 때문이다.

재중국 한국인 아나키스트들은 1936년 여름부터 민족전선 결성에 대한 논의를 본격적으로 전개했다. 재중국 한국인 아나키스트들은 민족전선 결성을 위한 준비회 개최를 제의하는 등 민족전선을 결성하기 위한 준비작업에 들어갔다. 민족전선을 결성하자는 재중국 한국인 아나키스트들의 주장에 조선민족혁명당이 적극적으로 동조하고 나섰다. 하지만 한국국민당은 민족전선 결성이란 공산당 일파가 '단일전선'의 미명 아래 우리의 진선陣線을 코민테른의 괴뢰로 만들기 위해 부리는 술책에 불과하다면서 민족전선 결성에 반대했다.

1937년 7월 일본 제국주의가 중일전쟁을 도발하자 재중국 한국인 아나키스트들은 전면적인 항일전쟁의 필요성을 더욱 절실하게 느끼게 되었고, 일제와의 전면적인 전쟁을 전개하기 위해 전 민족의 역량 결집을 서둘렀다. 이에 남화한인청년연맹은 『남화통신』을 통해 민족전선 결성의 필요성을 역설했다. 류기석은 변화된 정세에 대응하기 위해 류자명과 함께 난징에서 남화한인청년연맹을 조선혁명자연맹으로 개조했다.

조선혁명자연맹의 구성원 수는 20여 명이었으며, 주요 인물은 류자명(위원장), 정화암, 류기석, 나월환, 이하유, 박기성, 이승래李升來 등이었다. 조선혁명자연맹은 김원봉의 조선민족혁명당, 김성숙의 조선민족해방운동자동맹과 함께 민족전선을 여하히 결성할 것인가 하는 문제에 대해 토의했다. 이에 대항해 한국국민당, 조선혁명당, 한국독립당, 한인애국단 등의 4개 단체는 미주에 있는 한국 혁명단체 등을 망라해 한국광복운동단체연합회를 결성했다. 조선혁명자연맹, 조선민족혁명당, 조선민족해방운동자동맹 등은 민족전선체인 조선민족전선연맹 결성에 착수하면서 한국광복운동단체연합회와의 결합을 추진했지만, 한국광복운동단

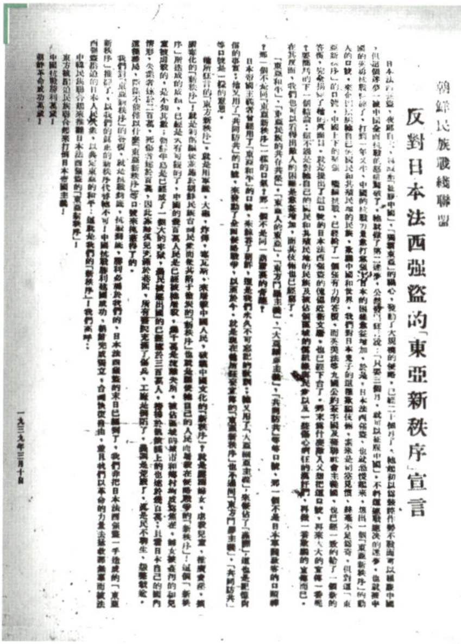

朝鮮民族戰線聯盟

反對日本法西强盜的「東亞新秩序」宣言

조선민족전선연맹 격문

체연합회 측의 거부로 통합은 이루어지지 못했다.

조선민족전선연맹은 1937년 12월 초에 우한에서 창립선언을 발표했다. 그리고 주요 공작방침으로 "조선 국내와 국외의 민족통일전선을 촉진할 것", "광범한 통일적 중한中韓민족연합전선을 건립할 것", "전 민족을 발동하여 직접 또는 간접으로 중국의 항일전선에 참가할 것" 등을 정했다.

조선민족전선연맹이 결성된 이후에도 류기석은 테러활동을 계속했다. 1937년 11월 상하이가 함락된 이후 김구 등은 상하이에서 철수했으나, 류기석을 비롯한 소모임 구성원들은 계속 상하이에 머물면서 지하공작을 벌였다. 소모임의 주요 임무는 적을 파괴하고 직접적인 행동을 하는 것이었다.

류기석은 1937년 12월부터 김구, 안공근 등과 연계해 상하이 부근에서 작전 중이던 일본 군함 출운出雲을 수뢰水雷를 사용해 폭침시킬 계획을 세웠다. 그는 안공근이 건넨 4,000원을 1937년 11월 하순과 1938년 2월 하순 두 차례에 걸쳐 안낙생安樂生을 통해 받았다. 이후 홍콩으로 가서 김인金仁과 안우생安偶生(安禹生)을 만나 협의한 뒤, 1938년 4월 하순 상하이로 돌아왔다. 하지만 1938년 10월 9일 안낙생이 검거되면서 이 계획은 실행에 옮기지 못했다.

1939년에는 주중 일본대사 타니 마사유키谷正之 암살을 시도했으나 실패하였다. 수색이 심해지자 체포를 피해 1939년 봄과 여름 사이에 쑤베이蘇北의 유격 지역으로 갔다. 이후 류기석은 군사활동에 주력했다.

국제적 연대활동을 전개하다

동아시아 아나키스트들의 국제적 연대는 1921년부터 모색되기 시작했다. 동아시아 아나키스트들의 국제적 연대를 제일 먼저 제창했던 인물은 일본 아나키스트 오스기 사카에이다. 오스기 사카에는 동아시아 아나키스트들 사이의 긴밀한 제휴와 공동 조직의 필요성을 느끼고, 1921년 상하이로 가서 중국 아나키스트들과 국제적 연대조직을 결성하는 문제에 대해 논의했다. 오스기 사카에의 주도하에 중국·인도·일본·한국의 아나키스트들이 협의하여 상하이에서 동아무정부주의자동맹회東亞無政府主義者同盟會를 결성하기로 결정하고 준비 작업에 착수했다. 그 결과 동방무정부주의자동맹東方無政府主義者同盟이 결성되었다. 하지만 동방무정부주의자동맹은 1923년 관동대지진關東大震災 당시 오스기 사카에가 살해되면서 유명무실해졌다.

이후 중국 아나키스트들을 중심으로 국제적 연대조직을 결성하기 위한 노력이 계속되었다. 1926년 여름에는 국제적 연대조직을 결성하기 위한 준비회가 조직되어 활동을 개시했다. 류기석은 동일한 제국주의의 지배하에 있는 약소민족들을 연맹의 대상으로 설정하고 중국과의 연대에 주력했다. 그는『민종民鐘』제16기(1926. 12. 15.)에 발표한「동아무정부주의자대연맹을 조직할 것을 주장한다主張組織東亞無政府主義者大聯盟」를 통해 동아시아 각국의 국제적 연대조직이 결성되면, 동아시아 각국의 아나키스트들은 서로 도움을 주고받을 수 있다며 국제적 연대조직의 필요성을 역설했다. 즉 1923년 관동대지진 이후 쇠퇴하고 있는 일본 아나키스트들은 국제적 연대를 통해 중국 아나키스트들로부터 그들이 필요한 것들을 제공받을 수 있으며, 한국·대만 아나키스트들과의 합작으로 파괴운동에 착수할 수 있다는 것이었다. 나아가 조직 결성을 위한 구체적 준비작업으로 다른 지역보다 여건이 좋은 중국의 아나키스트들이 전국대회를 개최할 것, 이를 기반으로 동아무정부주의자대연맹을 조직하고 동아대회東亞大會를 소집할 것 등을 제의했다. 이와 아울러 동아시아 아나키스트들이 마땅히 주의해야 할 문제와 대회에서 토론해야 할 문제 및 주비상籌備上의 대체적인 계획을 제시했다. 그 내용은 2년 이내에 상하이나 우창武昌에서 대회를 개최할 것, 민종사民鐘社·민중사民衆社·조선흑치단을 발기인으로 할 것, 동아무정부주의자대연맹 기성회를 먼저 조직하여 연맹과 대회를 준비하게 할 것 등이다. 그리고 대연맹을 조직하는 문제, 각국 동지의 혁명방략 심사, 각국 동지 연락 문제(민종사, 조선흑치단, 노동운동사), 선전문제, 파괴운동문제(창사성사長沙星社, 조선흑치단), 노동운동문제(일본 노동운동사, 민종사), 농민운동문제, 세계어문제(베이징안사), 군대선전문제, 대회선언(노동운동사, 민중사) 등 13개 항을 토론할 문제로 제시했다.

일본 아나키스트 이와사 사쿠타로도 국제적 연대조직 결성을 도모했다. 그는 1927년에 취안저우에서 전개된 농민자위운동에 참가했는데, 그것은 동아무정부주의자대동맹東亞無政府主義者大同盟을 조직할 기반을 닦기 위한 것이었다.

1927년 10월 하순경에는 중국 수젠黍健의 발의로 한국·일본·중국·대만·베트남·인도 등 6국 대표자 120여 명이 톈진 프랑스조계 모처에서 회합하여 무정부주의동방연맹 창립대회를 개최했다. 신채호와 이지영이 한국인 아나키스트 대표로 참가했다. 이 창립대회에서는 각각 자국으로 돌아가 서로 연락을 취하면서 목적을 달성할 것과 본부를 상하이에 설치할 것 등을 결정했다.

신채호는 무정부주의동방연맹 창립대회의 결정을 실천에 옮기기 위해 1928년 4월 톈진에서 한국인 아나키스트대회를 개최하여 재중국 한국인 아나키스트들의 역량을 한 군데로 모으고자 했다. 이 대회에서는 베이징 교외에 폭탄과 총기 공장을 건설하고, 러시아·독일 폭탄제조 기사를 초빙하여 폭탄과 총기를 제조한 뒤, 각국으로 보내어 대관 암살과 대건물 파괴를 도모하는 한편, 선전기관을 설치하고 선전문을 인쇄하여 세계 각국에 배부·발송하기로 결정했다. 신채호는 이 사업에 소요되는 자금을 조달하기 위해 당시 베이징우체국에 근무하던 린빙원과 협의하여 외국환을 위조했다. 위조한 외국환 8만 원을 한국, 일본, 대만 각지의 우체국으로 송부한 뒤 현지에서 현금으로 인출하기로 계획을 세웠다.

그런 뒤에 신채호는 자신이 맡은 지역인 대만으로 향했다. 1928년 5월 8일 신채호는 대만 지룽基隆에 있는 우체국으로 가서 현금을 인출하려고 하다가 기다리고 있던 경찰에 의해 체포되었다. 신채호는 5월 말에 다롄大連으로 호송되어 4차례의 공판을 거쳐 10년형을 선고받았다.

신채호와 린빙원 등이 체포되면서 무정부주의동방연맹의 활동은 위축되었다. 이를 재정비하기 위해 다시 연맹조직준비회가 꾸려졌다. 준비를 마친 연맹조직 준비회는 1928년 6월 14일 상하이 화광의원에서 한국인 류기석·이정규, 일본인 아카가와 게이라이, 중국인 마오이보·덩멍셴·이쯔치·우커강 등이 회합한 가운데, 일본 제국의 국체 변혁(아나키즘 실현, 즉 권력 부인)을 목적으로 하고 동방무정부주의자연맹을 조직하기로 결정했다. 그리고 당일 중국·베트남·인도·필리핀·한국 등과 그 외 5개국의 유지 대표를 소집해 동방아나키스트대회를 개최한 뒤, 동 대회에 출석한 백수 십 명의 각국 유지로 동방무정부주의자연맹을 정식으로 결성했다. 류기석은 이정규, 아카가와 게이라이, 마오이보, 우커강, 덩멍셴, 하워드(미국인) 등과 함께 서기부 위원으로 선출되었다.

동방무정부주의자연맹은 1930년 무렵까지 테러적 직접행동을 통해 민중들을 각성시키고, 그들로 하여금 일제의 식민지 지배에 맞서 봉기하도록 유도하고자 상당히 활발한 활동을 전개했다. 이처럼 동아시아 아나키스트운동의 중심 단체로서의 역할을 다했으나, 1931년 무렵부터 활동이 침체되었다.

일제가 '만보산사건萬寶山事件'을 야기하여 만주 침략을 본격화하자, 일제의 침략을 저지하기 위해 동아시아 아나키스트들의 국제적 연대 활동

만보산 사건 삽화

은 다시 활발하게 전개되었다. 그것은 한국·중국·일본의 아나키스트들에 의한 항일구국연맹 결성으로 이어졌다. 화쥔스華均實는 1931년 11월 상순 백정기를 찾아가 유명무실해진 동방무정부주의자연맹을 대신할 단체를 조직할 것을 제의했다. 이들은 종래의 문사적文士的 행동을 버리고 파괴공작으로 사회혁명의 시기를 단축시키기 위해 강력한 국제적 단체를 결성하기로 했다. 11월 중순 왕야챠오王亞樵, 화쥔스, 백정기, 사노 이치로 등 4명이 발기인회를 개최한 데 이어, 11월 30일에는 항일구국연맹 창립총회를 개최했다.

항일구국연맹은 전 세계에 대해서 혁명적 수단으로 일체의 권력 및 사유재산제도를 배격하고 진실한 자유평등의 사회를 실현시키기 위해 우선 한국을 일본으로부터 해방시키고 한국에 아나키스트사회를 건설한 다음, 일본의 입헌군주제도 및 사유재산제도를 폐지하는 것, 또 중국과 기타 각국에서 아나키스트사회를 건설하는 것 등을 목적으로 했다. 그리고 "현사회의 모든 권력을 부정하고, 새로이 세계 전 인류가 인생의 모든 방면에서 자유·평등을 향수享受할 수 있는 새로운 사회를 건설"할 것을 강령으로 채택했으며, 경제부·선전부·정보부 등의 부서를 설치했다. 동지를 규합해 모든 힘을 동원하여 파괴활동을 전개하고, 각 단원은 국적에 따라 자기 나라에 대한 파괴공작을 기회 있을 때마다 실행하기로 결정했다.

항일구국연맹은 적극적으로 조직을 확대·강화했다. 그 결과 맹원이 늘어나면서 부서를 개편했다. 선전·연락·행동·기획·재정 등의 5부를 두고, 각 부에 위원 약간 인을 두었다. 그리고 적의 기관 파괴와 요인 암살, 친일분자 숙청, 배일 선전 등을 실행에 옮기기 위해 행동대를 편성했다. 항일구국연맹은 친일적이고 유약한 외교정책을 펼치던 난징 정부의 외교부장 왕징웨이汪精衛를 저격하거나, 샤먼 일본영사관을 폭파하는 등 친일파들을 처단하거나 적의 기관을 파괴하는 데 앞장섰다. 왕야챠오와 화쥔스가 난징 정부와 남의사藍衣社의 탄압을 받아 도피한 이후 항일구국연맹은 한국인 아나키스트들을 중심으로 운영되었다.

항일구국연맹의 대표적인 활동 중의 하나가 주중 일본공사 아리요시

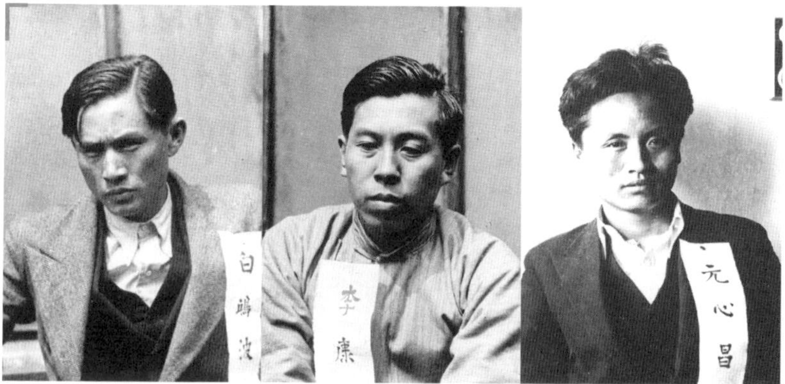

백정기　　　　이강훈　　　　원심창

아키라有吉明 암살을 도모한 '육삼정사건六三亭事件'이다. 항일구국연맹원들은 공동자취하면서 러허 문제로 중국과 일본 간의 관계가 극도로 긴장된 상황을 이용해 일본이나 한국 내지로 들어가 파괴공작을 벌이고자 했다. 그때 마침 원심창이 중요한 정보를 입수했다. 1933년 3월 5일 원심창이 야타베 유지와 함께 친구들을 만나서 이야기를 나누던 중에 주중 일본공사 아리요시 아키라가 아라키荒木 육상陸相의 밀명으로 2월 중순경 국민당 정부 군사위원장 장제스와의 타협을 성사시키고 곧 귀국할 예정이라는 소식을 접한 것이다. 원심창은 이날 저녁 백정기, 이강훈, 이달, 박기성, 김지강, 엄형순, 이용준, 오면직 등의 항일구국연맹 맹원들, 그리고 정화암, 정해리 등과 함께 회합을 개최한 뒤에 이들에게 자신이 접한 소식을 전하면서 아리요시 아키라 암살을 제의했다. 아리요시 아키라가 장제스에게 수천만 엔을 지급하고 남의사의 세력 확대를 원조하는 대신, 장제스는 교환조건으로 만주를 방기하고 일본이 러허를 점령하더라도 무저항주의를 취한다는 내용의 협상을 성사시켰는데, 아리요시 아키라 암살을 통해 이 사실을 사회에 폭로해야 한다는 것이었다.

이들은 아리요시 아키라 암살을 결행함과 함께 성명서를 발표하여 일본과 장제스 간의 밀약을 사회에 폭로하고, 전 세계 민중 특히 중국과 일본 민중의 제국주의 군벌에 대한 반감을 앙양시켜 사회혁명 기일을 단축시키기로 협의했다. 협의 결과 이들은 아리요시 아키라가 3월 17일 육삼정에서 열리는 연회를 마치고 귀가할 때를 노려 그를 암살하기로 했으며, 암살은 백정기와 이강훈이 맡기로 했다. 그리고 암살을 결행한 직후에 흑색공포단의 명의로 작성된 성명서를 발표하기로 했다. 흑색공포단은 적이 들어서 공포를 느끼도록 하자는 취지에서 일시적으로 사용하기로 한 항일구국연맹 행동대의 별칭이다. 백정기, 이강훈, 원심창이 송강춘松江春에서 아리요시 아키라가 나오길 기다리며 기회를 살피던 중, 암살 음모에 관한 정보를 입수하고 기다리고 있던 일본총영사관 경찰과 공동조계 공부국工部局 경찰에게 체포되었다.

육삼정사건은 일본 순사 야마다 가쿠베에山田角兵衛와 그의 밀정 오키沖의 조작된 정보와 역공작에서 비롯되었다. 재중국 한국인 민족해방운동가들의 동정을 감시하고 있던 야마다 가쿠베에는 오키에게 아키라와 장제스 사이에 밀약이 성사되었다는 거짓된 정보를 한국인 아나키스트에게 제공하게 하고, 그들을 일망타진할 계획을 세웠다. 당시 『상하이일일신문上海日日新聞』 기자였던 오키는 자신의 신분을 이용해 원심창에게 접근했고, 원심창 등은 일본 경찰의 역공작에 말려 암살계획을 실행에 옮기지도 못하고 체포되었다.

류기석도 육삼정사건에 일정 부분 관계했다. 1928년 10월 이정규가 체포되면서 상하이를 떠난 류기석은 톈진, 베이징 등지에서 테러활동을 도모하다가 1933년 1월 중순 상하이로 갔는데, 상하이에 머물면서 아리요시 아키라 주중 일본공사 암살 모의에도 관계했다. 류기석은 200달러 어치의 환을 류자명을 거쳐 정화암에게 넘겨주었는데, 이 돈은 아리요시 아키라 암살 자금으로 사용되었다.

류기석은 테러활동을 좀 더 적극적으로 전개하기 위해 1933년 7월 중국 북부 평수철로平綏鐵路 바오터우에서 북평한족동맹회北平韓族同盟會 회원 강구우, 조선혁명당원 성인호成仁鎬 등과 함께 반일반만反日反滿 테러행동을 목적으로 하는 중한호조연합회中韓互助會組織會를 발기하여 결성했다. 한국인 14명, 중국인 21명이 참가했는데, 이들은 암살단鐵血團과 무력철혈단武力鐵血團 두 반을 꾸렸다. 회장에는 중국인 천수런陳樹人, 부회장에는 김구가 선임되었으며, 류기석은 회원으로 참가했다. 이들은 베이징, 톈진, 상하이 및 만주의 주요 도시에 지부를 설치하고 활동했으나 별다른 성과를 내지는 못했다.

군사활동을 벌이다

아나키스트들은 원칙적으로 군대를 부정한다. 군대는 구성원의 자주성을 철저히 부정하는 대표적인 상명하달식의 조직이므로 아나키즘적 조직관에 어긋나기 때문이다. 아나키스트들이 군대를 인정하는 경우는 자위를 위한 군대에 한정될 뿐이다. 그러한 경우에도 조직체계는 일사불란한 상명하달식의 지휘체계에 의한 것이 아니라 병사들의 자발성에 기초하여 군대를 꾸려 나가는 방식을 취한다. 마흐노의 군대가 대표적이다. 네스토르 마흐노는 러시아 아나키스트로서 러시아 혁명 이후 농민유격군을 조직하여 농민자위운동을 전개했다. 혁명을 위협하는 독오연합군獨墺聯合軍을 우크라이나에서 몰아냈으며, 차르를 지지하는 백색白色반혁명군과도 싸워 그들을 격퇴시켰다. 이후 볼셰비키와의 싸움에서 패해 외국으로 망명했다.

한국인 아나키스트들 역시 군대를 부정했다. 박렬朴烈은 국가를 파괴하기 위해서는 먼저 군대와 경찰을 말살해야 한다고 주장했고, 남화한인청년연맹은 〈선언〉을 통해 군대는 법률과 감옥 등과 함께 유산계급이 자신의 지배를 유지하기 위해 만들어놓은 기구에 불과하다고 역설했다. 신채호도 〈조선혁명선언〉에서 혁명을 성공시키기 위한 폭력 수단을 제시하면서 군대에 의한 전쟁을 제외했다.

하지만 한국인 아나키스트들이 군대를 조직한 경우도 있었다. 취안저우에서 전개된 농민자위운동 과정에서 농민자위군을 조직해 마흐노전법을 훈련했다. 농민자위군은 토비와 공산주의자들의 공격을 방어하기 위한 군대였다. 1937년 중일전쟁이 일어난 이후 민족전선체인 조선민족전선연맹이 결성되면서는 중앙집권적인 조직체계를 갖춘 군대도 조직되었다. 이들 군대는 제국주의 일본에 전면적으로 저항하기 위해 조직된 것이었다. 조선민족전선연맹의 무장력인 조선의용대와 한국청년전지공작대 등이 대표적이다. 그 외에도 한·중합동유격대와 전시공작대(정화암), 한교전지공작대(류기석) 등이 조직되어 군사활동을 전개했다.

류기석은 유사 이래의 전쟁은 민중을 위한 것이 아니라고 주장했다. 정부와 정부의 전쟁은 정권을 쟁탈하기 위해 싸우는 것일 뿐 민중에게는 아무런 이익도 주지 않는다고 생각했다. 이처럼 통치계급을 위해 싸우는 종래의 전쟁과 군대에 대해서는 근본적으로 반대하면서도 제국주의의 지배에 저항하는 군사활동은 인정했다. 그 경우에도 식민지 민족은 군사행동을 전략으로 취해서는 안 된다고 주장했다. 그것은 제국주의에 저항하기 위한 군사행동을 취하려면 먼저 경제와 지반의 두 가지 조건을 갖추어야 하는데, 식민지에서 이 조건들을 모두 갖추는 것은 불가능하므로 평상시에는 군사행동을 취하기 어렵기 때문이라고 했다. 그런데 제국주의 국가 간의 전쟁 시기에는 식민지 민족들에게도 군사행동을 취할 수 있는 기회가 주어질 것으로 보았다.

1931년 말 무렵 베이징으로 간 류기석은 테러활동을 도모하는 한편, 항일구국회와 관계를 가지면서 별동대를 조직했다. 그는 정래동, 오남기, 조성사趙成史, 국순엽, 김용현, 중국 아나키스트 정수쥔鄭樞俊 등과 함께 북경연맹원을 중심으로 베이징에서 구국연맹을 결성하고, 일제를 타도하자는 내용의 격문을 국내외에 살포했다. 그리고 1931년 12월 조성사를 헤이룽장성黑龍江省 마잔산馬占山 장군에게 파견해 후방교란작전에 대한 연락을 협의했다. 조성사가 베이징으로 돌아가자 재만 각지 중국 부대에 격문을 살포하여 항전선전抗戰宣傳 공세를 전개했다.

이후 북경연맹원들은 1933년 1월 러허성熱河省 구베이구古北溝에서 허잉친何應欽 중앙군과 일본군 사이에 전투가 벌어지자, 정수쥔으로부터 재정 지원을 받아 의용군을 결성하기로 하고, 톈진·난징·상하이·푸젠·취안저우 등지를 순방했다. 이처럼 류기석이 중국의 지원하에 일본제국주의에 저항하는 군사행동을 취한 것은 반식민지인 중국의 경우 식민지와 달리 군사행동을 취할 수 있는 여지가 있는 것으로 보았기 때문이다.

이후 류기석의 군사활동은 중일전쟁 발발 이후 전면적 항일전쟁이 시작되면서 본격화되었다. 1937년 이후 상하이에서 비밀소조활동을 하던 류기석은 주중 일본대사 타니 마사유키 암살 시도가 실패로 돌아가자, 쑤베이의 유격 지역으로 갔다. 그는 1939년 여름 정수쥔의 소개로 하이먼海門에서 루가오如皐의 마탕진馬塘鎭으로 가서 장수성江蘇省 민중자위대의 정치부 대리주임을 맡았다. 정치부의 일은 주로 부대원들의 정치훈련이었다.

마탕진에는 장수성 민중자위대의 2개 대대가 주둔하고 있었으며, 정치부도 설치되어 있었다. 장수성 민중자위대는 추이자하崔家河 연안에 방어진지를 구축했는데, 일본군이 이 진지를 공격했다. 자위대는 일본군의 공격을 잘 방어하여 물리쳤다. 하지만 일본군의 공격을 막아낸 것은 자위대의 하위 대원들이었으며, 지대장이나 대대장 등은 모두 부패했다. 이에 환멸을 느낀 류기석은 마탕진을 떠났다.

1940년 여름 류기석은 쑤베이 둥타이현東台縣 카오니안진草埝鎭에서 장수문화사江蘇文化社 교육문화사업의 하나로 문화중학을 설립했다. 당시 쑤베이의 상황은 절반 이상의 지역이 일본군의 유린을 당했고, 많은 중학교와 사범학교가 문을 닫는 바람에 학교 교육이 문제가 되었다. 거기에다가 왕징웨이 괴뢰정부는 노예교육을 제창했고, 일본군은 일본 국적 교원을 학교로 파견했다. 그러한 상황에서 류기석은 학교 설립을 추진했다. 장수문화사로부터 3,000위안의 창립 비용과 학교 운영비를 지원받았다. 장수문화사 사회복지부의 책임자로 있던 류기석이 학교설립 작업과 교장을 맡았는데, 장수문화사는 학교운영에 대해 일체 간섭을 하지 않았다.

수개월의 계획과 준비를 거쳐 120여 명의 학생을 모집한 뒤, 9월 말에 개교를 했다. 카오니안진에 있는 관제묘關帝廟를 학생 기숙사와 교실로 만들었다. 류기석은 문화중학을 대일對日 항전 간부양성소로 만들고자 했다. 그리하여 보통중학교 과정 외에도 군사훈련과 체육활동을 지도했다. 전쟁의 여파가 둥타이현까지 파급되면서 문화중학은 잠시 휴학을 하고 이동했다. 그러나 문화중학은 이후 수업을 재개하지 못했다.

류기석은 관윈灌雲에 성립 향촌사범학교를 설립해줄 것을 성정부省政府에 요구했다. 이 요구가 받아들여져 1942년 여름 쉐이안誰安에서 관윈 차오하潮河 북쪽으로 가서 전문 관청의 협조 아래 학교 설립을 추진했다. 학교 부지는 차오하 강변마을 샤오둥싱小東興에 만들었고, 9월 중순에 100명이 넘는 신입생을 모집하여 1942년 9월 말에 성립省立 제2임시향촌사범학교라는 이름으로 개학했다.

그런데 수업을 시작한 지 한 달 정도가 지났을 무렵 일본군이 침략해와서 휴학할 수밖에 없었다. 유격대가 끝까지 저항을 하는 가운데, 유격대 지휘부와 일본군 간에 담합이 이루어졌다. 이에 일본군은 물러갔고, 수업은 다시 시작되었다. 1943년 1월 1일 학교 운동장에서 원단元旦을 경축하는 군과 민의 대회 및 열병의식이 거행되었는데, 이 대회에서 류기석은 향촌사범학교 대표로 나서서 민족전선론적 입장에서 "누가 우리의 적인가?"라는 제목으로 연설을 했다. 그 내용은 국민당 행정전문위원 쉬지타이徐繼泰의 연설과는 정반대의 것이었다. 그는 이 연설에서 "일본 강도만이 우리 학우들의 큰 적일 따름이며, 팔로군八路軍과 신사군新四軍은 우리의 적이 아니다", "항일전선에서 비록 정책이 다르고 사상이 다르지만, 우리들은 모두 중국인이다. 우리들은 오로지 단결하여 함께 대적해야 비로소 조국의 영토를 수복할 수 있다"고 역설한 뒤, "일본제국주의를 타도하자"라는 구호를 외쳤다. 그리고 차오하 북쪽에서 간행되는 『정기보正氣報』 원단元旦 특간에 국내외 형세를 논한 논문을 게재했다. 류기석은 이 논문에서 독일과 이탈리아, 그리고 일본의 파시스트 전선은 나날이 붕괴되어 가고 있고, 민주전선의 형세는 갈수록 좋아져 일본 침략자는 반드시 패할 것이며, 항전은 반드시 승리할 것임을 역설했다.

차오하 북쪽의 형세는 더욱 악화되어 갔다. 차오하 북쪽의 군정 대권을 장악한 쉬지타이는 일본군에게 투항하고자 하는 뜻을 노골화해 갔다. 성정부省政府조차 적극적인 항일 태도를 취하지 않았다. 결국 쑤베이의 모든 지구는 일본군의 수중에 들어갔다. 일본군은 쉬지타이에게 성립省立 제2임시향촌사범학교 해산과 『정기보』 발간 금지 등을 포함한 5개의 조건을 제시했고, 쉬지타이는 이를 받아들였다. 이리하여 제2임시향촌사범학교는 3주일에 걸친 겨울방학 이후 한 달간의 수업을 마치고 해산되고 말았다. 류기석은 향후 신변 안전을 보장할 수 없다는 쉬지타이의 통고에 또다시 유랑의 길에 오를 수밖에 없었다.

류기석은 양저우揚州, 단양丹陽, 창저우常州를 거쳐 이싱시宜興市 장주진張渚鎮 푸차오浮橋에 있는 우춘마오吳春茂의 진료소를 찾아갔다. 우춘마오의 진료소는 쑤베이에 있을 때 우하이윈吳海雲이 소개해준 곳으로, 길을 가다 쉬어 갈 수 있는 기지였다. 하지만 우춘마오는 시골에 가고 없었다. 괴뢰 군대의 상위上尉와 특수공작원이 염탐을 하자, 이를 피해 류기석은 양저우에서 합류한 리하오李浩와 함께 행상을 따라 광더廣德로 갔다. 광더 외곽에 도착한 류기석은 성내로 들어가 환전을 한 뒤, 성 밖으로 나와서 일본군 점령 지역과 유격 지역을 거쳐 완난皖南에 무사히 도착했다. 다시 안후이성安徽省 툰시屯溪를 거쳐 장시성江西省 상라오上饒로 갔다.

당시 상라오에는 한국광복군 제1지대의 한 구대區隊가 있었고, 푸젠성 젠양建陽에는 한국광복군 제2지대의 한 분대分隊가 있었는데, 이 부대들은 서로 대립하고 있었다. 류기석은 이 두 부대의 연합을 위한 작업을 벌였다. 그 결과 1943년 7월 옌산鉛山에서 제3전구사령장관부戰區司令長官部의 허가와 지지하에 두 부대를 통합해 한교전지공작대를 조직하고 대장에 취임했다. 그는 한국광복군 징모 제3분처의 대장이기도 했다. 한교전지공작대는 제3전구사령장관부戰區司令長官部의 지휘를 받았는데, 대원은 십수 명이었다. 한교전지공작대의 공작 대상은 함락지구의 한국 동포와 일본군 내에 있는 한국인 사병들이었으며, 주된 임무는 한국 동포와 한국인 병사에 대해 침략전쟁에 반대할 것을 선전하는 것과 한국인 병사가 탈출을 도모하게끔 하는 것이었다. 필요할 때에는 일본 병사를 대상으로 반전 선전작업도 했다.

1944년 7월 류기석은 15명의 대원을 이끌고 완난 징현涇縣 정부 소재지에서 15km 떨어진 스산포石山浦에 도착했다. 스산포에는 제2군단 사령부가 주둔하고 있었다. 1944년 겨울 류기석은 보조대장 박철원朴哲遠 외 여러 명을 데리고 마터우馬頭 전선으로 갔다. 제2군단 사령부가 준 임무를 수행하기 위해서였는데, 그가 맡은 임무는 봉쇄선을 감시하고, 일본군의 전략물자 운반을 막는 것이었다. 그리고 적구敵區 한국 동포들을 향해 선전작업을 전개했다.

1945년 봄에는 난징에 잠입해 지하공작을 통해 일본군 내에 있는 한국인 병사들의 탈출작전을 지휘했다. 이 작전의 결과 1945년 4월 쉬저우徐州와 카이펑 등지의 한국인 20여 명이 일급 비밀자료를 가지고 난징

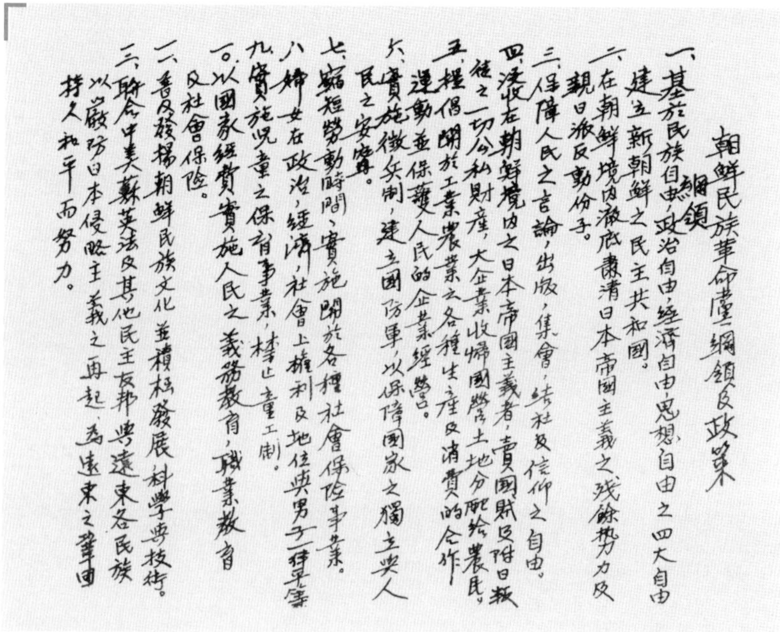

朝鮮民族革命黨綱領及政策

綱領

一、基於民族自由、政治自由、經濟自由、思想自由之四大自由建立新朝鮮之民主共和國。

二、在朝鮮境內澈底肅清日本帝國主義之殘餘勢力及親日派反動份子。

三、保障人民之言論、出版、集會、結社及信仰之自由。

四、沒收在朝鮮境內之日本帝國主義者、賣國賊及附日叛徒之一切公私財產，大企業收歸國營，土地分配給農民。

五、提倡關於工業農業之各種生產及消費的合作運動，並保護人民的企業經營。

六、實施徵兵制，建立國防軍，以保障國家之獨立與人民之安寧。

七、縮短勞動時間，實施關於各種社會保險事業。

八、婦女在政治、經濟、社會上權利及地位與男子一律平等。

九、實施兒童之保育事業，禁止童工制。

一〇、以國家經費實施人民之義務教育、職業教育及社會保險。

一一、普及發揚朝鮮民族文化並積極發展科學與技術。

一二、聯合中美蘇英法及其他民主友邦與遠東各民族以嚴防日本侵略主義之再起，為遠東之鞏固持久和平而努力。

조선민족혁명당강령 및 정책 문서

을 탈출했다. 이들은 류기석의 지시에 따라 우후蕪湖, 완지灣址, 시허西河 등지를 거쳐 마터우 봉쇄선을 넘었다. 이후 적구敵區로부터 수많은 한국 청년들이 탈출하여 완난 징현으로 몰려들었다. 그리하여 공작한 지 일 년도 되지 않아 대원은 103명으로 증가했다.

류기석은 군사활동을 하면서 조선민족혁명당에도 참가했다. 그는 1943년 7월 조선민족혁명당 강남지부 서기를 맡았으며, 1944년 4월 10일부터 14일까지 충칭重慶에서 개최된 조선민족혁명당 전당 제8차 대표대회에서는 민찬호, 김강과 함께 명예주석단으로 선출되었다. 그리고 김규식, 김약산, 윤기섭, 성현원成玄園, 장건상, 김붕준金朋濬, 김상덕金尙德, 왕일서王逸曙 등 20명과 함께 중앙집행위원으로 선출되었다.

류기석은 완난의 후이저우徽州에서 도보하던 도중에 일제의 항복 소식을 듣고 벅찬 마음으로 8·15해방을 맞이했다. 그는 8월 16일 오후에 길을 떠나 징더현旌德縣을 거쳐 다음날 징현에 도착하여 앞날을 설계했다. 그는 8·15해방을 맞는 벅찬 감정을 그의 회고록 『30년 방랑기』에서 다음과 같이 서술했다.

> 1945년 8월 15일 나는 완난의 후이저우에서 도보 중에 일본 침략자가 투항했다는 소식을 듣고, 기뻐서 펄쩍 뛰었다. 40세까지 살면서 이렇게 속이 시원한 경사를 만난 적이 없었다. 평생의 소원이 이미 이루어져 흥가분한 느낌이었다. 다음날 오후에 출발하여 30km를 걸어 징더현에 도착하여 하루를 묵고, 셋째 날 징더에서 징현으로 140리의 여정을 하루 만에 걸었다. '망국민'의 굴레를 빠져나와 진정으로 인생의 맛을 보는 것 같았다. 이후로 더 이상 누군가 우리를 가리켜 망국민이라고 멸시하지 않을 것이다. 삼천리강산, 민중의 품속으로 다시 돌아가 오래지 않아 몇 해 동안 어머니와 남동생, 여동생, 그리고 적의 철창에서 해방된 동지들을 볼 수 있게 될 것이다.
>
> 나의 흥분한 마음은 쓰라린 지난날을 회상하며 행복한 미래를 전망하는데 푹 빠져서 몇 날 밤을 거의 잘 수가 없어 여명과 닭 울기를 기다렸다가 일어나도 피로를 느끼지 않았다. 나는 바로 이렇게 해방을 맞이했다.

해방을 맞이하다

해방되자 류기석은 한반도를 분할·점령한 미국과 소련이 한국 민족의 독립을 지원해줄 것으로 보고, 각당 각파는 국가와 민족의 이익을 당파의 이익보다 우선시하여 민족지상·국가지상의 원리에 입각해 독립제일주의를 실행해야 한다고 역설했다. 만약 미국이나 소련이 원조라는 미명하에 우리를 배후조종하려고 하면 한국 민족의 적이 될 수밖에 없다고 경고했다.

해방 이후 류기석은 상하이로 갔다. 거기서 월간지 『중한문화』(발행인 양관楊寬)를 창간하고, 편집을 담당했다. 하지만 『중한문화』는 자금난으로 단지 2기 2호를 발행하는 데 그치고 말았다. 1946년 8월부터 1948년 7월까지 장쑤江蘇 남통학원南通學院 경제계 부교수를 역임했으며, 남통학원을 떠난 1948년 7월부터 1949년 5월까지는 칭다오화북초연공사青島華北草烟公司 고문을 역임했다.

1949년 5월 4일 일시 귀국해 모친과 누이를 만났으나, 얼마 뒤 다시 상하이로 돌아갔다. 그는 해방 이후 분단된 조국의 현실에 실망하고 아내가 있는 중국에 그대로 머물기로 했다. 해방 이후 청산되었어야 할 친일파가 득세한 남한의 상황에 대한 실망이 공산주의에 대한 반감보다 강했던 것으로 보인다. 1930년대 후반 이후 민족전선론적 입장을 취하면서 공산주의에 대한 반감도 희석된 까닭도 있었을 것이다. 그는 1950년 광저우에서 류자명을 만나 중국공산당의 영도 아래 중화인민공화국의 번영과 발전을 위해 분투할 결심임을 밝히기도 했다.

1952년 11월부터 1980년 11월 27일 76세의 나이로 쑤저우에서 심장병 발작으로 숨을 거두기까지 장쑤사범학원江蘇師範學院(현 쑤저우대蘇州大사회학원社會學院)에서 역사계 교수를 역임했다. 그는 주로 강권에 대한 민중들의 저항에 대해 연구했는데, 그 성과는 다음과 같다.

柳樹人, 1952, 「美國初期侵略朝鮮簡記—工人組織遠征朝鮮隊到韓美條約的簽訂」, 『歷史教學』

柳樹人, 1952, 「壬辰倭亂和中朝人民的抗戰」, 『歷史教學』

柳樹人, 1952, 「朝鮮李朝的農民起義—首次擧行烽火的洪景來之亂」, 『歷史教學』

柳樹人, 1958, 「中日甲午戰爭爆發後朝鮮農民軍的抗日鬪爭」, 『中國歷史教學』

柳樹人, 1980, 「憶安重根刺伊藤博文」, 『中學歷史教學』

이외에 6·25전쟁 시 북한 작가들이 미국에 대한 북한 민중의 저항을 그린 단편소설을 번역하여 『궤도 위에서在軌道上』, 『불타는 월미도燃燒的月尾島』 등 2권의 책을 간행했다. 그리고 유저遺著로 1984년 랴오닝인민출판사遼寧人民出版社에서 발간한 『화역조씨고華域朝氏考』(한국어판)와 1987년 『옌볜역사연구延邊歷史研究』 제2집(1987)에 발표된 「임진항왜전쟁壬辰抗倭戰爭」(중국어판)이 있다. 그 밖에 『안중근선생전』, 『자유사회학自由社會學』, 『열강의 외교와 정치列强之外交與政治』 등도 저술했지만 원고가 유실되었다.

류기석은 1924년 조양대에 들어간 이후 아나키즘을 수용했다. 뛰어난 아나키스트 이론가인 그는 공산주의를 이론적으로 비판하면서 아나키즘에 입각한 민족해방운동론을 전개했다. 각종 아나키스트 단체를 결성하고, 그 단체를 중심으로 아나키즘 선전활동, 농민자위운동, 테러활동, 군사활동 등을 전개했다. 이와 같이 일제강점기에 전개한 민족해방운동이 인정되어 류기석은 2006년에 국가유공자로 선정되었다.

류기석이 해방 이후 중국에 머문 것은 이승만 정권이 들어선 남한이나 공산당 치하의 북한 어느 쪽도 인정하기 어려웠기 때문으로 보인다. 하지만 공산당 정권이 들어선 중국에 그대로 머묾으로써 아나키스트로서의 류기석의 생명도 끝났다.

류기석은 일제강점기 재중국 한국인 아나키스트들의 민족해방운동을 이론과 실천 양면에서 이끌었다. 그는 민족해방운동을 전개하는 과정에서 일시적으로 안창호나 김구 등과 교류하거나 합작하기도 했지만, 민족주의와 공산주의를 비판하고, 정부와 국가를 부정하는 등 끝까지 아나키즘의 본령에 충실했다. 이러한 류기석이 류자명과 함께 해방 이후 귀국하지 않고 중국에 머묾으로써 한국 아나키스트계는 커다란 손실을 입었다. 그들이 귀국하지 않았기에 해방 이후 한국 아나키스트운동은 일정 부분 아나키즘의 본령에서 일탈하는 모습을 보인 유림柳林과 이정규 등에 의해 주도되었다. 그 과정에서 한국 아나키스트운동은 민주사회주의로 전향하거나 체제 내로 흡수되는 모습을 보이기도 했다.

결과적으로 한국 아나키즘은 한국 근현대사에서 커다란 역할을 했음에도 제3의 사상으로서의 지위와 역할을 잃어버린 채 역사의 전면에서 사라지고 말았다. 한국 아나키즘이 제3의 사상이라는 지위를 회복하려면 아나키즘의 본령에 충실했던 류기석의 사상을 현재적 관점에서 재분석하고 평가하여 계승·발전시킬 필요가 있을 것이다.

류기석의 삶과 자취

1905 1월 12일. 황해도 금천군 합탄면 매후리 대동에서 아버지 류찬희와 어머니 이안라 사이에서 2남 2녀 중 장남으로 태어남

1913 아버지를 따라 온 가족이 중국으로 넘어감

1915 옌벤 쥐쯔제(현 옌지시)에 정착

1916 아버지가 설립한 태광소학에 입학

1917 허룽현 난양핑으로 이사를 함에 따라 창동학교고등소학으로 옮김

1918 창동학교고등소학을 졸업하고, 지린성 옌지도립 제2중학교에 입학하여 1920년까지 수학

1919 3월 13일. 심용해, 박관해 등과 함께 충렬단에 가입
3월 14일. 류찬희, 김약연, 최일, 박동원 등이 기획한 3·1 만세시위에 참가

1920 8월 14일(음력). 일제의 수사망을 피해 가족들과 함께 옌지를 떠나 류찬희가 독립군으로 활동하고 있던 왕칭현으로 갔다가, 아버지의 지시에 따라 14일 새벽에 혼자 다시 상하이로 떠남. 상하이 여운형의 집에 함께 거주하는 동안 이광수로부터 안창호를 소개받고, 안창호의 지도로 흥사단에 가입

1921 9월. 난징으로 가서 화중공학 2학년에 편입

1922 6월 24일. 흥사단 난징 단우회 주석의 자격으로 회의를 주재

1924 6월. 화중공학을 졸업
9월. 조양대 경제학과에 입학

10월 무렵. 심용해와 함께 베이징 민국대에서 한·중 학생들을 규합해 흑기연맹 결성

1925 1월 19일. 북경고려유학생회의 체육부 임원으로 선출

2월. 북경고려유학생회 관계자들과 함께 해외순보사를 창립하고, 주간으로 활동

2~6월. 국내 기독교 주간지 『기독신보』에 「묵자와 기독」이라는 제목의 글을 발표

4월. 『학회』에 글을 발표하여 자유시참변과 소련의 신경제정책에 대해 비판

6월 30일. 상하이 5·30운동에 호응하여 베이징 천안문에서 개최된 국민대회에 참가해 장시간에 걸쳐 연설

1926 3월 1일 한교동지회와 고려학생회의 주최로 베이징대 제2원에서 열린 독립선언기념회에 참가하여 감상담을 발표

조세훈, 안양생, 심용해 등과 함께 일제의 밀정 노릇을 하던 문시록과 진국신을 응징

5월. 1925년 2학년 말부터 다니지 않던 조양대의 학적을 정리하고, 안창남과 함께 산시성 타이위안으로 떠남

6월 중순경. 베이징대 강당에서 개최된 북경고려유학생 부흥회에 참가하지 않았음에도 체육부 위원으로 선정

12월 15일. 『민종』 제16기에 「동아무정부주의자대연맹을 조직할 것을 주장한다主張組織東亞無政府主義者大聯盟」를 발표하여 동방 피압박 민족의 연대에 기반한 약소민족해방운동론 제기

1926년 말 무렵. 안창호의 요청으로 비행학교에 휴가를 내고 베이징으로 감

1926 소비에트러시아를 비판하고 아나키즘을 선전하는 글을 국내 잡지에

발표. 그 밖에도 「크로폿킨의 문예관」(『동광』 제5호)을 통해 아나키스트 문예론을 소개. 심용해, 정래동, 오남기, 중국인 정모鄭某 등과 함께 크로폿킨 연구 모임을 만들어 각국 아나키스트단체와 연락을 취하고 간행물을 교환하는 등의 선전공작을 전개

1927 1월. 민족유일당 결성을 추진하기 위해 만주로 가는 안창호를 수행

2월 14일. 소위 '지린사건'으로 안창호 등과 함께 체포

3월 7일. 지린사건으로 체포되었다가 안창호 등과 함께 풀려남.

5월. 동방노동대학에 입학하려고 했으나 소련의 실상에 실망한 후 베이징으로 돌아감

7~8월. 미국 유학을 포기하고 이정규의 요청으로 상하이로 감.

8월. 아나키스들과 상의한 끝에 샤먼으로 떠남. 이후 샤먼 선전원 양성소에서 신경제학·사회학·봉건사회 및 자본주의사회 해부 등을 강의

11월. 천영이속민단편련처가 개청하면서 선전교육부에 배치

1928 2월 중순, 천밍수의 제11군의 남하 이후 계속되는 토비와 토호의 공격에다 자금난까지 겹쳐 천영이속민단편련처의 거의 모든 활동이 중지되면서 상하이로 떠남

2월. 상하이에서 동방무정부주의자연맹과 재중국조선무정부공산주의자연맹 상해지부 결성에 관계

3월. 한일원, 윤호연 등과 함께 프랑스조계 내의 화광의원에서 재중국조선무정부공산주의자연맹 상해지부(통칭 상해연맹)를 결성. 이후 재중국조선무정부공산주의자연맹의 기관지 『탈환』의 발간을 주도하는 등 아나키즘 선전활동을 적극적으로 전개

봄. 루쉰 중심의 어사파와 창조사 간에 전개된 중국의 문예논쟁에 참가

6월 14일. 상하이 화광의원에서 이정규, 일본인 아카가와 게이라이, 중국인 마오이보·덩멍셴·이쯔치·우커강 외 여러 명과 함께 중국·베트남·인도·필리핀·한국 등과 그 외 5개국 지역의 유지 대표들이 참가한 가운데 동방아나키스트대회를 개최한 뒤, 동방무정부주의자연맹을 조직하기로 결성함. 서기부 위원으로 선출

10월. 이정규가 체포되자 일제의 탄압을 피해 상하이를 떠남

가을. 난창의 중국 국민당 성省당부에서 일했지만 관련 증명서를 제출하지 못해 면직

1929 봄. 난징으로 가서 『동남일보』의 문화면 편집을 맡음. 『동남일보』가 난징 경비사령부에 의해 폐쇄되어 실직

여름. 톈진으로 감. 이후 허베이 지역에 민족해방운동기지를 건설하기 위한 운동을 전개하면서 『톈진상보』의 주필을 맡았으나, 사장과의 의견충돌로 십여 일 만에 사직하고 베이징으로 감

심용해와 함께 재중국조선무정부공산주의자연맹 북경지부를 조직

가을. 심용해와 함께 민족해방운동기지 건설을 위한 자금을 마련하고자 지린으로 갔으나 자금 마련에는 실패

약소민족해방운동론을 아나키즘에 입각하여 정리한 『약소민족의 혁명방략』 출판

1930 3월 22일. 호서은행 본점에서 5만 8천 원을 인출한 신현상과 최석영이 찾아옴. 신현상이 가져온 자금으로 테러활동을 전개하기로 협의하고, 자동소총 5자루 등 무기를 구입한 뒤, 테러활동을 전개할 동지들을 규합하기 위해 상하이로 감

4월 20일. 류자명, 장도선, 정해리, 안공근 등과 함께 상하이 프랑스 조계 진센푸로 신신리의 어느 중국인 집 2층에서 남화한인청년연맹을 결성

5월. 베이징으로 돌아감. 신현상 등과 함께 대파괴공작을 일으킬 계획을 세우고, 실행에 옮기기 위해 베이징에서 무정부주의자동양대회를 개최
5월 6일. 일본 경찰을 앞세워 급습한 중국 경찰에게 김종진, 이을규, 신현상, 최석영, 정래동, 오남기, 국순엽, 차고동 등 대회 참가자 10명과 함께 체포됨. 무기와 돈을 압수당함. 류기석의 항의로 다음날 아침 모두 석방되었으나, 신현상과 최석영은 다음날 다시 체포됨
6월 15일. 박용태 등이 대한대독립당주비회의 기관지 『조선의 혈』을 창간하는 것을 원조
9월. 베이징시정부에 사직서를 냄. 이후 상하이를 거쳐 취안저우으로 간 다음 여명중학에서 학생들을 가르침
1931년 봄. 여명학교 교장 직무대리로 추대되어 근무함. 이후 일본에서 돌아온 량룽광이 교장에 복귀하면서 학내 분규가 발생하여 학교를 그만둠
11월. '9·18' 사건이 발생하자 항일전에 참가하기 위해 베이징으로 가던 중 상하이에서 류자명을 만나 정치화와 함께 불멸구락부에 가맹
겨울. 베이징으로 가서 동북의용군, 각종 항일회 등 중국 항일단체와 교류하면서 그들의 지원 아래 일본조계지 파괴활동을 전개. 정래동, 오남기, 조성사, 국순엽, 김용현金用賢, 중국 아나키스트 정수쥔 등과 함께 북경연맹원을 중심으로 베이징에서 구국연맹을 결성하고, 일제를 타도하자는 격문을 국내외에 살포함
1932년 9~10월. 톈진과 러허 사이에서 활동하며 다시 테러를 결행할 계획을 세움
10월. 재베이핑동북의용군후원회와 푸젠, 취안저우, 샤먼 방면의 항일회 등으로부터 지원받은 자금 7천 달러로 테러활동을 전개하기

로 함에 따라 테러에 동참할 동지를 물색하기 위해 상하이로 감

11월. 상하이에서 이용준, 엄형순, 이달, 정해리, 백정기, 오면직, 원심창, 박기성, 정화암, 김야봉, 야타베 유지 등과 회합하여 테러활동에 대해 논의

11월 19일경. 북중국 방면의 치안교란 공작을 실행에 옮기기로 하고, 원심창, 이용준 등과 함께 상하이를 떠나 베이징으로 향함

11월 21일경. 베이징에 도착하여 정래동, 오남기, 국순엽, 류기문 등 북경연맹원들과 협의한 후, 테러를 단행할 장소 물색

12월 7, 8일경. 베이징의 정세가 여의치 않자 톈진에서 항일 파괴공작을 실행하기로 계획 변경

12월 16일. 이용준과 류기문을 통해 일본총영사 구와시마 암살과 일본 기선 남양환 폭파를 기도했으나 실패. 일본 정금은행과 일본군영 소재지인 해광사 폭파를 시도했으나 실패

겨울. 잉치루과 결혼

1933 1월 중순. 상하이로 가서 아리요시 아키라 주중 일본공사 암살 모의에도 관계하는 등 테러활동을 도모

7월. 테러활동을 적극적으로 전개하기 위해 중국 북부 평수철로 바오터우에서 북평한족동맹회 회원 강구우, 조선혁명당원 성인호 등과 함께 반일반만反日反滿 테러행동을 목적으로 하는 중한호조연합회를 발기하여 결성

가을. 카이펑으로 가서 『허난민보河』에 취직해 편집을 맡으면서 사설을 씀. 이후 5년간 편집부에서 근무

1937 9월 초. 김구의 요청으로 난징으로 감

류자명과 함께 난징에서 남화한인청년연맹을 조선혁명자연맹으로 개조

	10월. 상하이로 가서 소모임원들과 함께 지하선전활동을 전개
	12월. 김구, 안공근 등과 상하이 부근에서 작전 중이던 일본 군함 출운을 폭침시킬 계획을 세움. 하지만 1938년 10월 9일 안낙생이 검거되면서 계획을 실행에 옮기지 못함
	주중 일본대사 암살을 시도했지만 실패. 체포를 피해 봄과 여름 사이에 쑤베이의 유격 지역으로 간 후 군사활동에 주력
1939	여름. 정수쥔의 소개로 하이먼에서 루가오의 마탕진으로 가서 장수성 민중자위대의 정치부 대리주임을 맡음
1940	여름. 쑤베 둥타이현 카오니안진에서 장수문화사 교육문화사업의 하나로 문화중학을 설립. 문화중학은 9월 말에 개교를 했으나, 전쟁의 여파로 휴학을 하고 이동
1942	여름. 관윈灌雲에 성립 향촌사범학교를 설립해달라는 요구를 성정부省政府가 받아들이자, 쉐이안에서 관윈 차오 북쪽으로 가서 전문 관청의 협조 아래 학교 설립을 추진. 9월 중순에 100명이 넘는 신입생을 모집하여 1942년 9월 말에 성립 제2임시향촌사범학교라는 이름으로 개학
1943	1월 1일. 제2임시향촌사범학교에서 원단을 경축하는 군과 민의 대회 및 열병의식이 거행되었는데, 이 대회에서 향촌사범학교의 대표로 나서서 "누가 우리의 적인가?"라는 제목으로 연설. 차오하 북쪽에서 간행되는 『정기보正氣報』 원단元旦 특간에 국내외 형세를 논한 논문 게재. 국민당 행정전문위원 쉬지타이가 일제에 투항함으로써 제2임시향촌사범학교는 겨울방학 이후 한 달간의 수업을 마치고 해산. 신변안전을 보장할 수 없다는 쉬지타이의 통고에 또다시 유랑의 길에 오름
	7월. 조선민족혁명당 강남지부 서기를 맡음

7월 옌산에서 제3전구사령장관부의 허가와 지지하에 한국광복군 제1지대의 한 구대區隊와 한국광복군 제2지대의 한 분대分隊를 통합해 한교전지공작대를 조직하고 대장에 취임

1944년 4월 10일. 충칭에서 4월 14일까지 개최된 조선민족혁명당 전당 제8차 대표대회에서 명예주석단, 중앙집행위원으로 선출

겨울. 보조대장 박철원 외 여러 명을 데리고 마터우 전선으로 가서 일본군의 전략물자 운반을 막고, 적구敵區 한국 동포들을 향해 선전 작업을 전개

1945 봄. 난징에 잠입해 지하공작을 통해 일본군 내의 한국인 병사들의 탈출작전을 지휘. 이 작전의 결과 1945년 4월 쉬저우와 카이펑 등지의 한국인 20여 명이 일급 비밀자료를 가지고 난징을 탈출. 이후 적구敵區로부터 탈출한 한국 청년들이 완난 징현으로 몰려들면서 대원이 103명으로 증가

8월 15일. 완난의 후이저우에서 일제의 항복 소식을 들음. 상하이로 월간지인 『중한문화』를 창간하고, 편집 담당

1946 8월. 장쑤 남통학원 경제계 부교수로 임용. 1948년 7월까지 재직

1948 7월. 1949년 5월까지 칭다오화북초연공사青島華北草烟公司 고문을 역임함

1949 5월 4일. 귀국하여 모친과 누이를 만났으나, 상하이로 돌아감.

1952 11월. 장쑤사범학원(현재 쑤저우대 사회학원)에서 역사계 교수로 임용됨. 1980년 11월까지 재직

1980 11월 27일 쑤저우에서 심장병 발작으로 숨을 거둠

자료

- 『동아일보』, 『조선일보』, 『중외일보』
- 『동광신문』 1949년 5월 8일자(http://nl.go.kr)
- 『民鐘』 第16期(1926. 12. 15)(葛懋春·蔣俊·李興芝 編, 1984 『無政府主義思想資料選』上·下, 北京人民大學出版社에 수록)
- 『思想彙報』 第16號(1938. 9. 1)(http://e-gonghun.mpva.go.kr)
- 『思想彙報』 第18號(1939. 3. 1)(http://e-gonghun.mpva.go.kr)
- 『思想彙報』 第25號(1940. 12. 1)(http://e-gonghun.mpva.go.kr)
- 『앞길』 제33기(1944. 6. 1)(국사편찬위원회 임시정부자료집편찬위원회 편, 『임시정부자료집』 37, 2009에 수록 ; http://db.history.go.kr)
- 『앞길』 제42기(1945. 6. 1)(국사편찬위원회 대한민국임시정부자료집편찬위원회 편, 『임시정부자료집』 37, 2009에 수록 ; http://dbhistory.go.kr)
- 『자유신문』 1949년 5월 8일자(http://db.history.go.kr)
- 『탈환』 창간호(1928. 6. 1)
- 『흑색신문黑色新聞』 제23호, 흑색신문사
- 〈1925년도 遠東團友班 조직표〉(독립기념관 소장)
- 〈江蘇師範學院教職員工登記表〉
- 「國外ニ於ケル所謂獨立宣言紀念日ノ狀況ニ關スル件」(『不逞團關係雜件-朝鮮人ノ部-在支那各地』 4에 편철 ; http://db.history.go.kr)
- 「東方無政府主義聯盟李丁奎ニ對スル判決」(고려서림편집부 편, 『日本外務省

特殊調査文書』 28, 高麗書林, 1989에 수록)
- "류기석의 독립유공자평생이력서"
- "류기석의 호적"
- "류기석이 1920년 흥사단 원동위원부에 입단하면서 제출한 이력서"(류기석, 『30년 방랑기－유기석 회고록』, 국가보훈처, 2010에 수록)
- 「無政府主義者 李容俊 取調의 건」(京畿道知事→警務局長 등, 1939. 4. 27) 『思想에 關한 情報綴(4)』(국사편찬위원회 소장)
- 「訪問范天均先生的紀錄」(葛懋春·蔣俊·李興芝 編, 『無政府主義思想資料選』 下, 北京人民大學出版社, 1984에 수록)
- 「本誌ヲ毀謗スル者ニ與フ」, 『革命』 第8號[「不穩新聞『革命』ノ記事ニ關スル件(高警第2938號, 1925. 8. 26)」에 첨부(국사편찬위원회 편, 『한국독립운동사 자료』 37, 2001에 수록)]
- 「不穩出版物『奪還』第7號記事」(고려서림편집부 편, 『日本外務省特殊調査文書』 28, 高麗書林, 1989에 수록)
- 『思想情勢視察報告集』 其の七(社會問題資料硏究會에서 재편집하여 1975년에 東洋文化社에서 출판)
- 「昭和13年度に於ける鮮內思想運動の概況」 『思想彙報』 第18號(1939. 3. 1) (http://e-gonghun.mpva.go.kr)
- 「시국에 관한 在滬한인독립운동자의 행동건(1931. 11. 15)」(대한민국국회도서관 편, 『韓國民族運動史料－中國篇』, 國會圖書館, 1976에 수록)
- 「안창호 일파의 한국국민당 조직과 그후의 행동에 관한 건」(국사편찬위원회 편, 『한국독립운동사 자료』 3, 1973에 수록)
- 「오남기 아나운동 약력」(무정부주의운동사편찬위원회가 한국아나키즘운동사 편찬을 위해 자료를 수집하는 과정에서 작성된 자료임)
- 「有吉公使暗殺陰謀無政府主義者檢擧ノ件」(고려서림편집부 편, 『日本外務省

特殊調査文書』 28, 高麗書林, 1989에 수록)

- 應起鸞의 〈戶口登記表〉
- "李容俊의 판결문"(독립운동사편찬위원회 편, 『독립운동사 자료집』 11, 독립유공자사업기금운용위원회, 1976에 수록)
- 『일본의 한국침략사료총서』 25(일본 외무성 · 육해군성 편, 『일본의 한국침략사료총서』 25, 한국출판문화원, 1988)
- "일제가 작성한 류기석 신상카드"(류기석, 『30년 방랑기－유기석 회고록』, 국가보훈처, 2010에 수록)
- 『일제의 한국침략 사료총서』 67(국가보훈처 편, 『일제의 한국침략 사료총서』 67, 공훈전자사료관 ; http://e－gonghun.mpva.go.kr/)
- 『資料集成』 1～10(朴慶植 編, 『在日朝鮮人關係資料集成』 1～10, 三一書房)
- 「在北京朝鮮留學生復興會開催ニ關スル件」(국사편찬위원회 편, 『不逞團關係雜件－朝鮮人ノ部－在支那各地』 4에 편철; http://db.history.go.kr)
- 「在上海南華韓人青年聯盟の綱領規約及宣言」 『思想彙報』 第5號(1935. 12)(http://e－gonghun.mpva.go.kr)
- 「在上海留朝鮮人の不穩狀況」(朴慶植 編, 『在日朝鮮人關係資料集成』 2, 三一書房에 수록)
- 「在上海總領事館ニ於ケル特高警察事務狀況」(고려서림편집부 편, 『日本外務省特殊調査文書』 27, 高麗書林, 1989에 수록)
- 〈재중국조선무정부공산주의자연맹 강령 초안〉[『탈환』 창간호 증간(1928. 6. 15)에 게재]
- 〈재중국조선무정부공산주의자연맹 발기문〉(연맹주비회, 1927. 10)[『탈환』 창간호 증간(1928. 6. 15)에 게재]
- 『朝鮮民族運動年鑑』(在上海日本總領事館警察部第2課 編, 『朝鮮民族運動年鑑』)

- 「중국에서의 임정 산하 및 후원단체」(1930. 8. 12)(대한민국국회도서관 편, 『韓國民族運動史料-中國篇』, 國會圖書館, 1976에 수록)
- 「蔡殷國李丁奎ヲ中心トスル無政府主義運動檢擧ニ關スル件(京鍾警高秘第5791號ノ1)」(국사편찬위원회 편, 『警察情報綴(昭和 9年)』에 편철 ; http://db.history.go.kr)
- 「最近に於ける在支不逞鮮人の動靜」『思想彙報』 第16號(1938. 9. 1)(http://e-gonghun.mpva.go.kr)
- 「탈환의 주장」, 『탈환』 창간호(1928. 6. 1)
- "被解放的韓人熱烈擁護臨時政府" 『독립신문』 제7호(1945. 7. 20)(http://i815.or.kr/)
- 「韓國各政黨現況」(1944. 4. 22. 吳鐵城에게 보내는 보고서)(추헌수 편, 『資料韓國 獨立運動』 2, 연세대학교출판부, 1972에 수록)
- 『형사사건부』(http://theme.archives.go.kr ; 국가기록원 소장)
- 「호남은행사건의 동지 申君의 서한」, 『흑색신문』 제27호(1934. 4. 18)
- 葛懋春·蔣俊·李興芝 編, 『無政府主義思想資料選』 下, 北京人民大學出版社, 1984
- 고려서림편집부 편, 『日本外務省特殊調査文書』 26~28, 高麗書林, 1989
- 谷蔭, 「檢討〈檢討馬克思主義的階級藝術論〉」, 『中國文藝論戰』(李何林 編), 東亞書局, 1932(4版)
- 국사편찬위원회 편, 『한국독립운동사 자료』 3, 1973
- 국사편찬위원회 편, 『한국독립운동사 자료』 22, 1993
- 국사편찬위원회 편, 『한국독립운동사 자료』 37, 2001
- 金正明 編, 『朝鮮獨立運動』 2, 原書房, 1967
- 內務省警保局 編, 「在上海留朝鮮人の不穩狀況」, 『社會運動の狀況』(1933年)(朴慶植 編, 『在日朝鮮人關係資料集成』 第2卷, 三一書房, 1975에 수록)

- 內務省警保局 編, 「1938年の在支不逞鮮人の不穩策動狀況」, 『社會運動ノ狀況』(1938年)(金正明 編, 『朝鮮獨立運動』 2, 原書房, 1967에 수록)
- 內務省警保局 保安課 編, 「最近に於ける在支不逞朝鮮人の策動狀況」, 1941(국가보훈처 편, 『일제의 한국침략 사료총서』 67에 수록; http://e-gonghun.mpva.go.kr/)
- 대한민국국회도서관 편, 『韓國民族運動史料-中國篇』, 國會圖書館, 1976
- 柳基石, 「노농 露西亞의 신경제정책」, 『신민』 제8호(1925. 12. 10), 1925
- 류기석(임원빈 역), 『30년 방랑기-유기석 회고록』, 국가보훈처, 2010
- 柳絮, 「東方革命者的使命」(柳絮, 『弱小民族的革命方略』, 中山書店, 1929에 수록)
- 柳絮, 「一個革命者的人生觀」(柳絮, 『弱小民族的革命方略』, 中山書店, 1929에 수록)
- 柳絮, 「크로포트킨의 문예관」, 『동광』 제5호(1926. 9. 1), 1926
- 柳絮, 「칼 맑스의 無產專政」, 『신민』 제10호(1926. 2. 1), 1926
- 柳絮, 「露國 혁명의 경로와 그 장래」, 『신민』 제11호(1926. 3. 1), 1926
- 柳絮, 「적색제국주의」, 『신민』 제12호(1926. 4. 1), 1926
- 柳絮, 「露西亞와 약소 민족」, 『신민』 제18호(1926. 10. 1), 1926
- 柳絮, 「프로 文士와 유물사관」, 『신민』 제20호(1926. 12. 1), 1926
- 柳絮, 「主張組織東亞無政府主義者大聯盟」, 『民鐘』 第16期(1926. 12. 15), 1926(葛懋春·蔣俊·李興芝 編, 『無政府主義思想資料選』 下, 北京人民大學出版社, 1984에 수록)
- 柳絮, 「맑쓰 계급투쟁설의 근거」, 『신민』 제25호(1927. 5. 1), 1927
- 柳絮, 「冤恨의 바다」, 『신민』 제28호(1927. 8. 1), 1927
- 柳絮, 「무산계급예술신론」, 『중외일보』 1928년 4월 3일~9일자, 1928(http://db.history.go.kr)

- 柳絮, 「신흥 詩家의 계급관」, 『중외일보』 1929년 3월 18일자, 1929(http://db.history.go.kr)
- 柳絮, 『弱小民族的革命方略』, 中山書店, 1929(1928년 7월 9일 탈고)
- 柳絮(鎌田恙吉 譯), 「弱小民族解放の目標」, 『黑色戰線』 1929년 12月號[柳絮의 『弱小民族的革命方略』(1929, 中山書店)의 1장을 번역한 글임]
- 柳絮(鎌田恙吉 譯), 「東洋に於ける我等」, 『黑旗』 1930年 1月號[柳絮의 『弱小民族的革命方略』(1929, 中山書店)에 수록된 「東方革命者的使命」을 번역한 글임]
- 柳絮, 「檢討馬克思主義的階級藝術論」, 『中國文藝論戰』(李何林 編), 東亞書局, 1932(4版)
- 柳絮, 「藝術的理論鬪爭」, 『中國文藝論戰』(李何林 編), 東亞書局店, 1932(4版)
- 柳絮 역, 「뽈쉬빅키의 계급성」, 『신민』 제13호(1926. 5. 1), 1926
- 柳絮 역, 「무산계급 전제의 쏘벳트」, 『신민』 제15호(1926. 7. 1), 1926
- 柳絮 역, 「쏘비엣트 露西亞와 조선○○운동」, 『신민』 제16호(1926. 8. 1), 1926
- 柳絮 역, 「크로포트킨의 도덕관－생물학에 근거를 둔 그의 학설, 희생과 분투를 기조로 한 철학」, 『동광』 제6호(1926. 10. 1), 1926
- 柳絮 역, 「크로포트킨의 互助論 槪觀」, 『동광』 제10호(1927. 2. 1), 1927
- 柳樹人, 「安昌男的一生」, 『中國的空軍』 第6期
- 柳樹人, 「韓國獨立運動的回顧與前瞻」, 『中韓文化』 1946年 2月號
- 류자명, 『한 혁명자의 회억록』(1999년 독립기념관 한국독립운동사연구소에서 영인)
- 朴慶植 編, 『在日朝鮮人關係資料集成』 第2卷, 三一書房, 1975
- 沈克秋, 「浮沉在硝烟彌漫的時代浪潮中－記柳樹人的一生」, 『懷念集』 第5集, 泉州平民中學·晉江民生農校校友會, 1990

• 沈容澈, 「二十六個春秋-記沈茹秋的短暫一生」, 『懷念集』 第5集, 泉州平民中學 · 晉江民生農校校友會, 1990
• 楊昭全 等編, 『關內地區朝鮮人反日獨立運動資料彙編』 上册, 遼寧民族出版社, 1987
• 應起鸞, 「柳樹人生平」(未刊), 1991
• 이정규, 「中國 福建省 농민자위운동과 한국 동지들의 활동」(이정규, 『우관문존』, 삼화인쇄 1974에 수록)
• 이정규, 『우관문존』, 삼화인쇄, 1974
• 李何林 編, 『中國文藝論戰』, 東亞書局, 1932(4版)
• 在上海領事館 編, 『朝鮮民族運動(未定稿)』 第四(1927. 12 ~ 1932. 12)(고려서림편집부 편, 『日本外務省特殊調査文書』 第26卷, 高麗書林, 1989에 수록)
• 정화암, 『이 조국 어디로 갈 것인가』, 자유문고, 1982
• 朝鮮總督府警務局 編, 『最近における朝鮮治安狀況-昭和8年』, 1933(1966년 巖南堂書店에서 소화 13년分과 함께 묶어서 復刊)
• 朝鮮總督府警務局 編, 『華中 · 華南 · 北中美洲朝鮮人概況』(楊昭全 等編, 1987 『關內地區朝鮮人反日獨立運動資料彙編』 上册, 遼寧民族出版社, 1940에 수록)
• 青園生, 「露西亞 제3혁명-크론스타트폭동」, 『신민』 제27호(1927. 7), 1926
• 村田生, 「上海及南京方面ニ於ケル朝鮮人ノ思想狀況」, 『思想彙報』 第7號(1936. 6), 朝鮮總督府高等法院檢查局思想部, 1936
• 추헌수 편, 『資料 韓國 獨立運動』 2, 연세대학교출판부, 1972

연구성과

• 堀內稔, 「南華韓人青年聯盟と黑色恐怖團」, 『朝鮮民族運動史研究』 8, 青丘文庫, 1992

- 무정부주의운동사편찬위원회 편, 『한국아나키즘운동사』, 형설출판사, 1994(2쇄)
- 박찬승, 「1933년 상해 '有吉明공사 암살미수 사건'의 전말」, 『한국독립운동사연구』 제60집, 2017
- 王培文, 「20世紀30年代初韓國無政府主義者在中國的抗日活動」, 『和田師範專科學校學報』 第26卷第3期, 2006
- 이호룡, 『한국의 아나키즘—운동편』, 지식산업사, 2015
- 蔣剛, 「泉州 무정부주의운동에 대한 초보적 연구」, 『한국 민족운동사연구』 16, 한국 민족운동사연구회, 1997
- 조규태, 「1920년대 북경지역 한인유학생의 민족운동」, 『한국독립운동사연구』 30, 독립기념관 한국독립운동사연구소, 2008
- 최기영, 「1920~30년대 柳基石의 재중독립운동과 아나키즘」, 『한국근현대사연구』 55, 한국근현대사학회, 2010
- 坪江汕二, 『朝鮮民族獨立運動秘史』, 巖南堂書店, 1966(개정증보판)
- 한국정신문화연구원편찬부 편, 『한국 민족문화대백과사전』 1~27, 한국정신문화연구원, 1988

찾아보기

ㄱ

ㄴ

ㄷ

ㄹ

ㅁ

ㅂ

ㅅ

ㅇ

ㅈ

ㅊ

ㅋ

ㅌ

ㅍ

ㅎ

재중국 한국인 아나키스트운동의 실천적 지도자 류기석

1판 1쇄 인쇄 2019년 12월 2일
1판 1쇄 발행 2019년 12월 12일

글쓴이 이호룡
기 획 독립기념관 한국독립운동사연구소
펴낸이 이준식
펴낸곳 역사공간
주소: 03996 서울특별시 마포구 월드컵로100 한산빌딩 4층
전화: 02-725-8806
팩스: 02-725-8801
E-mail: jhs8807@hanmail.net
등록: 2003년 7월 22일 제6-510호

ISBN 979-11-5707-208-8 03900

• 잘못된 책은 바꿔 드립니다.

• 이 도서의 국립중앙도서관 출판예정도서목록(CIP)은 서지정보유통지원시스템 홈페이지(http://seoji.nl.go.kr)와 국가자료종합목록 구축시스템(http://kolis-net.nl.go.kr)에서 이용하실 수 있습니다. (CIP제어번호 : CIP2019050549)

역사공간이 펴내는 '한국의 독립운동가들'

독립기념관은 독립운동사 대중화를 위해 향후 10년간 100명의 독립운동가를 선정하여, 그들의 삶과 자취를 조명하는 열전을 기획하고 있다.

001 근대화의 선각자 – 최광옥의 삶과 위대한 유산
002 대한제국군에서 한국광복군까지 – 황학수의 독립운동
003 대륙에 남긴 꿈 – 김원봉의 항일역정과 삶
004 중도의 길을 걸은 신민족주의자 – 안재홍의 생각과 삶
005 서간도 독립군의 개척자 – 이상룡의 독립정신
006 고종 황제의 마지막 특사 – 이준의 구국운동
007 민중과 함께 한 조선의 간디 – 조만식의 민족운동
008 봉오동·청산리 전투의 영웅 – 홍범도의 독립전쟁
009 유림 의병의 선도자 – 유인석
010 시베리아 한인민족운동의 대부 – 최재형
011 기독교 민족운동의 영원한 지도자 – 이승훈
012 자유를 위해 투쟁한 아나키스트 – 이회영
013 간도 민족독립운동의 지도자 – 김약연
014 대한민국 임시정부의 민족혁명가 – 윤기섭
015 서북을 호령한 여성독립운동가 – 조신성
016 독립운동 자금의 젖줄 – 안희제
017 3·1운동의 얼 – 유관순
018 대한민국임시정부의 안살림꾼 – 정정화
019 노구를 민족제단에 바친 의열투쟁가 – 강우규
020 미 대륙의 항일무장투쟁론자 – 박용만
021 영원한 대한민국임시정부의 요인 – 김철
022 혁신유림계의 독립운동을 주도한 선각자 – 김창숙
023 시대를 앞서간 민족혁명의 선각자 – 신규식
024 대한민국을 세운 독립운동가 – 이승만
025 한국광복군 총사령 – 지청천

026 독립협회를 창설한 개화·개혁의 선구자 –
027 만주 항일무장투쟁의 신화 – 김좌진
028 일왕을 겨눈 독립투사 – 이봉창
029 만주지역 통합운동의 주역 – 김동삼
030 소년운동을 민족운동으로 승화시킨 – 방정환
031 의열투쟁의 선구자 – 전명운
032 대종교와 대한민국임시정부 – 조완구
033 재미한인 독립운동의 표상 – 김호
034 천도교에서 민족지도자의 길을 간 – 손병희
035 계몽운동에서 무장투쟁까지의 선도자 – 양기
036 무궁화 사랑으로 삼천리를 수놓은 – 남궁억
037 대한 선비의 표상 – 최익현
038 희고 흰 저 천 길 물 속에 – 김도현
039 불멸의 민족혼 되살려 낸 역사가 – 박은식
040 독립과 민족해방의 철학사상가 – 김중건
041 실천적인 민족주의 역사가 – 장도빈
042 잊혀진 미주 한인사회의 대들보 – 이대위
043 독립군을 기르고 광복군을 조직한 군사전문가
044 우리말·우리역사 보급의 거목 – 이윤재
045 의열단·민족혁명당·조선의용대의 영혼 –
046 한국의 독립운동을 도운 영국 언론인 – 배설
047 자유의 불꽃을 목숨으로 피운 – 윤봉길
048 한국 항일여성운동계의 대모 – 김마리아
049 극일에서 분단을 넘은 박애주의자 – 박열
050 영원한 자유인을 추구한 민족해방운동가 –

독립전쟁론의 선구자 광복회 총사령 - 박상진

민족의 독립과 통합에 바친 삶 - 김규식

'조선심'을 주창한 민족사학자 - 문일평

겨레의 시민사회운동가 - 이상재

한글에 빛을 밝힌 어문민족주의자 - 주시경

대한제국의 마지막 숨결 - 민영환

좌우의 벽을 뛰어넘은 독립운동가 - 신익희

임시정부와 흥사단을 이끈 독립운동계의 재상 - 차리석

대한민국임시정부의 초대 국무총리 - 이동휘

청렴결백한 대한민국 임시정부의 지킴이 - 이시영

자유독립을 위한 밀알 - 신석구

전인적인 독립운동가 - 한용운

만주 지역 민족통합을 이끈 지도자 - 정이형

민족과 국가를 위해 살다 간 지도자 - 김구

대한민국임시정부의 이론가 - 조소앙

타이완 항일 의열투쟁의 선봉 - 조명하

대륙에 용맹을 떨친 명장 - 김홍일

의열투쟁에 헌신한 독립운동가 - 나창헌

한국인보다 한국을 더 사랑한 미국인 - 헐버트

3·1운동과 임시정부 수립의 숨은 주역 - 현순

대한독립을 위해 하늘을 날았던 한국 최초의 여류비행사 - 권기옥

대한민국임시정부의 정신적 지주 - 이동녕

독립의군부의 지도자 - 임병찬

만주 무장투쟁의 맹장 - 김승학

075 독립전쟁에 일생을 바친 군인 - 김학규

076 시대를 뛰어넘은 평민 의병장 - 신돌석

077 남만주 최후의 독립군 사령관 - 양세봉

078 신대한 건설의 비전, 무실역행의 독립운동가 - 송종익

079 한국 독립운동의 혁명 영수 - 안창호

080 광야에 선 민족시인 - 이육사

081 살신성인의 길을 간 의열투쟁가 - 김지섭

082 새로운 하나된 한국을 꿈꾼 - 유일한

083 투탄과 자결, 의열투쟁의 화신 - 나석주

084 의열투쟁의 이론을 정립하고 실천한 - 류자명

085 신학문과 독립운동의 선구자 - 이상설

086 민중에게 다가간 독립운동가 - 이종일

087 의병전쟁의 선봉장 - 이강년

088 독립과 통일 의지로 일관한 신뢰의 지도자 - 여운형

089 항일변호사의 선봉 - 김병로

090 세대·이념·종교를 아우른 민중의 지도자 - 권동진

091 경술국치에 항거한 순국지사 - 황현

092 통일국가 수립을 위해 분투한 독립운동가 - 김순애

093 불법으로 나라를 구하고자 한 불교인 - 김법린

094 독립공군 육성에 헌신한 대한민국임시정부 군무총장 - 노백린

095 불교계 독립운동의 지도자 - 백용성

096 재미한인 독립운동을 이끈 항일 언론인 - 백일규

097 재중국 한국인 아나키스트운동의 실천적 지도자 - 류기석